CHINESE RURAL E-COMMERCE
CASE FEATURED

编写组成员

杨　谦　庄一敏　孙艺军　孙　伟　李爱莲　何继阳
步　新　王　梁　蔡丽琴

中国农村电子商务
案例精选

黄道新/主编

人民出版社

前　言

　　互联网的发明不仅改变了人们的生产生活方式，也改变了人们的行为和思维方式。中国从1994年正式接入互联网到今天成为世界上最大的网络大国仅用了21年的时间，网络购物、电子商务、O2O等新业态迅猛兴起，用户在享受方便生活的同时，马云、马化腾等一大批创业者也依托互联网成就了他们的创业梦。互联网经济已成为我国经济转型升级的"加速器"和"中国经济升级版"的突破口。

　　目前，电子商务的主战场正从城市转向农村。据估计，我国还有约7亿人没有上网，其中大多数在农村。在"大众创业、万众创新"的大背景下，国家加大了对发展农村电商的扶持力度，各路资本更是跃跃欲试，创业团队趋之若鹜，上线项目推陈出新，丝毫感受不到经济下行的寒冷，农村电子商务已然成为2015年中国新农村建设最亮丽的一抹风景。可以预料，2016年是农村电商蓬勃发展之年，也必将迎来农村电商的创业高潮，伴随着这一高潮的来临，人才、知识、经验都很重要，首当其冲的是人才需求。虽然互联网行业崇尚勇往直前的胆识，但是学习始终是创业者最可贵的品质。在学习中创业，在创业中学习，这是所有创业成功者的座右铭。

北京商业管理干部学院是最早开展农村电子商务人才培训的专业机构，已为供销社系统及农村市场培养了数万名电子商务实用人才。在培训的过程中，我们注重理论与实际相结合，不断挖掘和总结提炼新鲜经验，与一大批农村电商公司建立了友好的合作关系，既为他们提供推介展示的平台，也帮助他们总结经验教训，学员们在学习中既可以现场观摩，也可以洽谈合作。还有许许多多没有参加学习的同志也专门来电来函希望能有一本比较全面的"案例"供他们学习借鉴。为此，学院专门成立了编写小组，历时半年多终于写成了这本《中国农村电子商务案例精选》，我衷心希望本书能够为农村电商创业者提供有益的参考。

在大半年的时间里，编写团队走访了近二十个省市的数十个农村电商企业，在田间地头、在贫困山区、在农民家中、在基层网点……亲身感受到了创业者的激情和艰辛，也亲身体会到农民的渴望和期待。感谢所有为我们提供资料、伴我们走村串户、帮我们答疑解惑的企业和个人。遗憾的是，由于我们自身的水平所限，没能把更多的企业收录进来，收进来的总结提炼也不一定到位，希望今后能够有机会去弥补，也希望有更多优秀的农村电商公司能够脱颖而出，为新的创业者提供可资借鉴的宝贵经验。

由于时间仓促，文字方面错误纰漏难免，尚祈各位专家和读者指正！

北京商业管理干部学院党委书记　黄道新

目录
CONTENTS

1 夏津米客：
从配送端发力整合农村基层门店

　　行走在鲁西北的农业大县——山东省德州市夏津县的大街小巷、县城乡村，处处可见供销社白底黄边绿色的"四合院"标志（见图1-1）。遍布县域的供销社身影给夏津农村的生产生活带来了巨大影响。当地老百姓高兴地说，多年未见的供销社又回来了。县供销社所属的夏津供销米客电商公司目前拥有三百多家农村加盟店和村级综合服务社，覆盖了全县507个行政村中的三分之二，而且覆盖面仍然在快速扩大。

图1-1　夏津供销米客村级综合服务社外景

夏津因"齐晋会盟之要津"而得名，地处鲁西北平原、鲁冀两省交界处，隶属山东省德州市。夏津县辖10镇2乡1个街道1个省级开发区，总面积882平方公里，耕地90万亩，人口52万。夏津县因种植棉花闻名全国，素有"银夏津"和"中国纺织名城"之美誉。棉纺织、面粉和油品加工是夏津县的三大传统产业。夏津县供销社下辖农资公司、供销商厦、烟花爆竹专营公司等9家社属企业，领办了多个农民专业合作社，有11个基层社，总体来说资产保存比较完整。

　　米客公司是由夏津供销商厦于2014年7月在山东济南投资成立的一家互联网企业。成立之初，米客公司信心满满，致力于搭建一个综合性的购物网站——米客商城。米客公司利用政府投入的300万资金，用于建设平台，组建团队、高薪聘请管理人才、购买硬件和宣传推广。轰轰烈烈忙活几个月，但是实际结果并不理想。市场并没有呈现出设想的火爆，大手笔的投入仅仅换来每天十几单的网购消费，现实情况用"进退维谷"一词来形容并不为过。

　　资金没了、士气没了、市场也没了，再这么撑下去肯定是不行了，必须变戏。米客公司的创始团队在深入思考之后，决心还是从自己熟悉的农村市场开始，把重点从城市转移到农村，走一条"农村包围城市"的路线，利用供销社在农村的信誉资源和网络基础，借助米客商城网站，以面向农村小店的商品配送为手段，串联起分散的成百上千农村小店，将它们改造成供销社村级综合服务社，从而形成县域内全覆盖的农村零售网络。

　　公司首先组建了专门的调研小队，下乡了解农民和小店店主的需求。他们走乡串户，访问店主和农户。经过一段时间"接地气"的调查和访谈，他们了解到当地农村消费市场的诸多乱象：假冒伪劣产品泛滥，小店进货渠道单一、过分倚重县乡级代理、商品价格比城市偏高，店内商品陈设杂乱、不符合陈列规范，门店功能狭窄等。更让他们印象深刻的是，农村零售市场依然是这些小卖部的天下，相比农村集市，村中小店对农民日常消费而言更为重要，地位更加突出。

调研团队从中看到了巨大的商机。如果能够有一套为小店服务的电商系统，不就能占据农村零售市场了吗？而现在夏津县供销社在乡村市场还几乎没有发力。但是，如何才能真正吸引那些精打细算的店主呢？调研团队认为最有效的手段就是针对传统的代理体系，以电子商务的方式推出方便快捷、价格低廉的日用品配送体系，使小店主真正得到利益，这样才能实现米客规划的零售体系落地。为此，夏津供销米客公司在原先米客商城网站的基础上，开发了新型网上订货系统，保证店主们足不出户，只需在电脑上轻点鼠标，就可以轻松订购商品。当天下单，第二天上午就可以送货到门，而且是货到付款。

农村电商业务发展，成本是影响最大的一个因素。所有的业务成本都不能向小店主转嫁，而必须靠公司自己消化。夏津县供销社在这方面也动了很多脑筋：协调两家社属企业——烟花爆竹公司和农资公司的五辆配送车（见图1-2），移交给供销米客使用，使其承担下乡配送的任务，大大减少了购置车辆的成本；合理利用县供销商厦的空间资源，压缩盈利能力较弱的百货业态，在供销商厦大楼中留出两层共八千多平方米的空间，用于米客电商的日常办公和商品配送，并改造其成为夏津供销米客的县级运营中心；整合供销商厦原有的仓库，提升其成为供销米客商城的配送中心；位于夏津县城东侧的电子商务物流园正在积极协调拆迁事宜，前期准备工作在有条不紊地进行；主动联系县委组织部和科教局，申请把数块闲置的液晶电视配置到农村小店来作为网络代购的终端设备，此举省去了一笔不菲的费用；调研过程中得知去年县烟草专卖局为实现香烟订购的网上操作，要求所有商户必须购置电脑接入网络，这对供销米客推广的网上订货系统和网络代购代销业务来说是得天独厚的先天条件。

图1-2 夏津供销米客配送车辆

方案看起来完美了，但市场拓展仍然是很艰难的。这是极其重要的环节但也是最难啃的"硬骨头"。事业的成功离不开一个乐于奉献、踏实肯干的团队，夏津米客专门组建了一支地面推广小分队，他们在炎热的夏天几乎跑遍了夏津13个乡镇（街道）的每一个村庄和社区。每到一店，他们耐心地与店主交流，讲解夏津供销米客的优势和县供销社的信誉，比如进货价格有优势，产品质量有保障，特别是供销社的牌子很过硬，让很多店主都抱着试一试的态度来合作。

不过，对直销农村小店，光嘴上说说是不管用的，必须来点真的。农民店主普遍缺乏现代超市的管理、经营和促销知识，商品的摆放状况与严格的商品陈列标准相距甚远。比如，店内商品往往摆放杂乱无章，不同种类的随便混在一起，货架端头的重要性根本没有得到体现，更有甚者连货架都没有。再比如，每次进新货的时候，店主为了图省事，只是把没卖完的旧货往货架后面一推，把新货往前面一摆，这样导致店内卖出去的永远是新货，而旧货在规定日期之内卖不出去就成为过期商品。农民店主往往缺乏食品安全意识，不舍得处理掉，还是正常售卖，这样导致的结果就是商品的质量得不到保障。

针对这些问题，公司早就有了预案。地面推广小分队利用掌握的超市货品陈列和商品促销知识及经验，积极地帮助合作店主整改店内商品布局，重新进行内部设计和装饰，使得店内形象焕然一新，并主动为小店的经营出谋划策，提供很多可行的促销建议，促进其规范化、高效率经营。他们还联系供货商，通过谈判要求为加盟小店提供优质货架，从而淘汰了杂乱无章的商品堆放方式，优化了店内的陈列布局。公司投入资金为全部加盟店无偿制作了大尺寸白底红字的、有统一数字编码的、带有"供销社村级综合服务社××超市"字样的店面门头（见图1-3），扩大了该店在附近区域的影响力和辐射半径。这些举措让小店主们看到了实实在在的好处。在三百多家加盟店里，前两百余家是夏津米客的地面推广小分队挨家挨户谈下来的，而后面的一百多家则是主动找上门来。

图1-3 夏津供销米客加盟店的店面门头

对小店经营者来讲，最为核心的还是利益的诱惑。谁的货源在品质有保障的前提下价格较低，小店主自然就会选择谁的供货。夏津米客又是如何做到价格最低呢？他们成功使用了"借力打力"的方法，具体来说就是一方面在地面推广过程中向农村店主保证产品的品质、价格的优势和服务的及时，另一方面则以三百多家加盟店和2/3的夏津农村市场占有率为筹码向上游供货商谈判施压，要求得到本地商品的最低价格。为达到目的，夏津米客不仅仅满足县市级品牌代理的层面，而是积极与各大品牌省级代理商接触和合作，甚至直接与生产厂家联系。如此自信的背后是广阔的县域农村零售市场和经济学中的"规模效应"，供应商提供给夏津米客的商品价格自然是最优，而这是夏津供销米客能够在短短两个多月时间内迅速崛起的秘诀。

公司的优良服务迅速得到了市场的认可，加盟门店的数目扩大到了三百多家，覆盖了全县近2/3的行政村。夏津农村小店日用品配送的盈亏平衡点是每天5万元，供销米客的日配送额已达到10万元。

供销社实现了对农村商品流通领域的重新占领。

作为企业，尤其是以流通为主业的企业，流动资金的充裕至关重要。一旦资金周转困难，企业极易丧失有利局面，甚至破产倒闭。为巩固已取得的市场份额，并为后续的扩大运营提供充足的资金支持，他们推出了"充4800抵5000"的活动，吸引店主提前把货款打到公司账户上。地处合适位置的农村超市日均营业额就接近1000元，4800元对它们来说只不过是五六天的营业额，所以店主有充足的动力参与。这项活动对夏津供销米客来讲，是把4%的盈利，也就是常说的"四个点"让渡给了店主，但换来的是流动资金的充分供给。夏津供销米客已与若干供货商和中国农业银行达成了合作协议，将开展更多的促销活动，并为较大的加盟店提供银行POS机等设备，进一步扩大市场份额和方便农村百姓购物。

伴随着"互联网+"时代的到来，农民的网购需求愈发强烈。但农民或者家中没有电脑，或者操作不熟练，这时经过系统培训的供销米客加盟店主就可以起到网络代购员的作用。米客公司研发团队在原先网上商城的基础上，增加了两个接入端口：一是超市店主网上订货系统；二是消费者网上购物系统，即"米客优选"板块，这个系统会根据米客商城与其他购物平台的价格对比，自动抓取淘宝或天猫上的商品，并利用支付宝完成结算。具体操作步骤是：首先网络代购员在小店内配置的电脑上登录米客商城的子板块"米客优选"去选货，选到想要的商品后系统会自动链接到淘宝或天猫的界面，消费者在此进行付款。成交后货品会由卖家通过快递公司寄到这个村级综合服务社，附近的消费者过来自取即可。同时，淘宝或天猫会按照事先约定把利润返点到米客商城，米客商城再把50%的返点利润转让给店主。

夏津供销米客运行以来，已对许多传统经营业务造成了冲击。比如，与县内各品牌代理商的单独下乡配送相比，夏津米客商品配送体系的效率之高显而易见；网络代购农资的价格优势和配送效率使得乡镇个体农资销售网点的经营难以为继，他们纷纷要求加入夏津供销米客体系；与中国农业银行合作开展的小额贷款业务，把本已在农村失去阵地的农行直接引入村级层面。

　　夏津供销米客的电商发展同样碰到了农村地区"最后一公里"的物流难题。由于农村地区基础设施的缺乏和农民居住的分散性，快递公司的业务往往只能到达县城或乡镇。当前农民网上购物的限制之一就是快件无法直接送到家中，远远没有城市居民那样方便。农民要想拿到快件，只能骑摩托车到乡镇或者坐公共汽车到县城，时间成本和交通成本都大大增加。如何解决这个问题？夏津供销米客敏锐地观察到了商机。凭借着业已成型的配送网络和三百多家农村门店，夏津供销米客与顺丰、"四通一达"[①]等快递公司签订了合作协议，实现了配送网络与物流客户的完美对接。每天早晨，5辆配送车辆下乡送货时，会捎带上前一天的快件，直接送到离网购消费者最近的小店中，然后电话或短信通知消费者前来取货，非常快捷方便。夏津供销米客与"四通一达"签订的协议价格是每件1.5元，与顺丰签订的协议价格是每件2元。当然，这些利润也要与店主五五分成。此项功能的开展达到了一举多得的效果：供销社有利润，店主得实惠，来取件的群众还为其小店增加了人气，间接带动了店内消费。夏津供销米客的目标是，以商品配送为纽带，整合农村门店资源，进而推动日用品下行、农副产品上行的城乡双向流通，实现农民与市场的完美对接。

---

① 即申通快递、圆通快递、中通快递、百世汇通、韵达快递五家民营快递公司。

点评

发展电子商务绝非是轻而易举的事情。在城市，消费端的拉动作用明显，而在农村，通常供给端没有足够的力量，电商很难持续发展。山东省德州市夏津县供销社在电子商务起步阶段得到的教训是，必须立足县域资源进行电子商务的规划，切忌照猫画虎，照搬城市电商发展的平台模式。夏津县供销社重新确立了"农村包围城市"的战略思路，从农村配送体系建设发力，串联组织起了数以百计的农村小店，构建了覆盖乡村的零售体系。这不仅仅是一般的商业路径的改变，也是互联网思维的引入。在这个案例中，我们发现，供销合作社原有的资源，例如县城的实体商城并不会如一般人所想的那样，加上一个网站就可以完成电子商务的建设。也许实体商城会使供应商资源充分一些，但是要想真正进入乡村，电子商务的落地就必须依托网点。所以，发展农村电子商务，必须学会把实体资源和网络资源重新整合。

夏津县供销社的米客公司利用实体商城平台作为供应端，通过平台优势加强市场拓展来吸引农村小店加盟，形成规模后逐步扩展服务内容，扩大业务范围和现金流，从而形成可以盈利的商业模式。应该说，供销合作社整合资源的优势在米客模式上体现得非常充分。但是，这也对它未来的发展提出挑战，必须不断扩大规模，才能真正实现盈利。而依靠一个县的供销社推动是不够的，能否在更大规模上利用这一优势至关重要。另外，不把工业品下行体系基础打牢，目前规划的农产品上行体系也将面临巨大的挑战。

2 湖南惠民：
用服务体验培育"粉丝"

　　说起农村电子商务，多数人的第一印象就是在网上买日用品、卖农产品。但是，许多电商企业却忽视了一个事实，即只有农民网络消费意识的提升，对电商产生"黏性"，才会有农村电子商务市场的蓝海。因此，农民网购习惯的培育就成了涉农电商企业不能绕过的门槛。湖南省供销社的社有企业——鑫瑞惠民供销（湖南）有限责任公司深知培育农民"粉丝"不易，通过惠民供销综合服务网上平台和各种线下体验活动，加大力度去培育市场、教育农民，初步完成了线下惠民综合服务中心布局，建立起为农服务的新型电商体系。

　　鑫瑞惠民供销（湖南）有限责任公司是由湖南省供销社与4位自然人股东于2014年5月在长沙市高新开发区注册成立的公司。公司致力于以电子商务为手段，融合传统经营与社会公益服务，搭建服务农民生产生活的综合电商平台，实现"融汇资源服务三农、引导三农供销天下"的愿景。公司注册资本800万元，湖南省供销社下属的湖南商务职业技术学院以办公楼等固定资产出资，占股35%。其他4位自然人股东均是湖南省内的知名民营企业家，经营范围涉及体育、广告、IT、机器人和房地产等行业。在充分引入了民间资本和管理团队之后，鑫瑞惠民供销（湖南）有限责任公司突破了农村电子商务的固有认识，秉承"服务创造流量、流量带来价值"的电商新理念，确立了"用服务为您创造价值"的电商新思路。

农村电商流量的难点，是能否挖掘农民的消费需求。公司首先进行了详细深入的市场调研。公司调研团队发现：第一，与多数人想象的农村市场需求较小、动力不足截然相反，农民的消费需求一旦迸发出来，并不逊于城市市场。以家用电器为例，当前农村家电市场销售渠道单一、品质参差不齐、终端价格偏高，同时农民对网购还未充分接受，这些都是制约农村家电市场快速增长的不利因素。第二，由于地处偏远，政府服务部门和社会服务组织难以深入下去，农民很难享受到与城市居民同等的便利服务。以火车票为例，城市居民已经非常习惯的"网上订票、车站取票"的购票方式在农村并不普及。受限于传统思维，农民还是比较接受"一手交钱、一手交货"的售票方式，而每个县内通常只有在县城才有1—2个火车票代售点。第三，传统的服务机构发展也碰到困难。在20世纪90年代供销社改制的浪潮中，相比全国其他省份来讲，湖南省供销社系统的改革虽然减轻了人员、债务等历史包袱，但也带来了基层社消失、城乡流通网络破裂、传统业务日趋萎靡的问题。以农资为例，部分县市已无供销社的农资公司，市面上的农资产品鱼龙混杂、良莠不齐。一旦买到假货，农民一年的辛苦很可能就打了水漂。

在新一轮改革过程中，供销合作社正在努力借助电子商务这一新型工具，改造传统业务。凭借供销社为农服务的良好信誉，农村市场正面临重新洗牌的格局。不过，县级供销社建设电商平台的投入产出比问题也在困扰供销社的决策者。如果县级社自建平台，往往要面临"初期投入大、维护成本高、推广较困难、资金回流慢"之类的难题。

鑫瑞惠民供销（湖南）有限责任公司应运而生。公司立足在更高层面的平台凝聚各方力量、发挥规模效应，以"综合平台+县级社加盟"的方式，构建新的电商服务体系。公司自主投资建设了惠民供销综合服务平台，并积极与县市供销社对接合作，县级供销社只需以合资、加盟或缴纳使用费的形式加入即可。为迅速占领这块市场，构建区域型电子商务服务体系，公司已经与湖南省内30个县市供销社达成合作意向，在郴州市临武县和益阳市赫山区成立了两家子公司，形成了完善的惠民综合服务中心（见图2-1）网点布局，多项便民服务业务开始运转。下面以临武县为例说明。

图2-1 惠民综合服务中心

临武县，隶属湖南省郴州市，地处湖南省南部。临武矿产资源丰富，探明的矿物有9类32种，其中锡储量居全国第四位、全省第一位，有"小有色之乡"和"煤炭之乡"的美称。临武县供销社从2012年开始就一直在探索建立有别于传统的商品买卖、专注于综合服务的农村电子商务平台。鑫瑞惠民供销（湖南）有限责任公司与临武县供销社合作成立了临武鑫瑞惠民供销有限责任公司（下文简称为临武公司），组建了具有高效执行力的团队来开展工作。2015年3月13日，县供销社"进百村入万户·电商服务惠民生"活动启动仪式举行，临武县线下培育农村电商"粉丝"的工作正式拉开帷幕。

在线下开展寓教于乐的普及教育和形式多样的商业活动，是农村消费转型升级的重要手段，也是增加农村电商流量的法宝。首先，依托惠民供销综合服务平台的主要子板块——惠民商城，临武公司共举办了两期大型宣传推广活动。一是在4月的农忙时节，利用先期建好的五个惠民综合服务中心开展了"放心农资下乡进村保春耕"展销活动。公司的工作人员和网点店主在服务中心内帮助农民现场上网"淘农资"，让农民体验到惠民供销电子商务平台线上下单、线下取货这一新型农资购买方式的便捷和实惠。二是在5月，针对当地自来水中矿物质含量过多的特点，举办了"惠民供销健康饮水惠民工程走进乡村"推广活动。考虑到农村信息封闭、农民文化程度不高的现实情况，他们采取了印制彩页、集市宣讲、发放纪念品等多种宣传方式。一方面积极售卖净水器，引导农民网上下单、网下取货，一方面利用各种机会向农民现场演示惠民商城电子商务平台的购物流程，逐步扩大平台的知晓度和影响力。两期活动的推广和销售效果都很不错，达到了预期目的。

组建服务中心，贴身强化农民的体验。公司从全县289个村中选择那些经营成熟、店主有积极性的门店，建成了两批次共9个惠民综合服务中心。为了把这些传统的小卖部改造成电商平台的线下体验店，公司积极围绕农民生产生活各方面需求，努力与政府部门和商业组织对接，争取把多种经营服务功能充实到惠民综合服务中心。例如，汾市站惠民综合服务中心（见图2-2）坐落于临武县汾市镇，紧邻当地五天一次的农贸集市。该中心采用了"店中店"的形式，即在原先的乡镇超市中，辟出约40平方米用于建设惠民综合服务中心。

图2-2 汾市站惠民综合服务中心外景

目前，该中心内共开展了五项业务，分别是：

一、销售彩票。公司主动向湖南省体育局和民政厅申请，经过努力为惠民综合服务中心顺利争取到了中国体育彩票和中国福利彩票的销售权限。自开业三个月以来，该中心体育彩票的中奖金额已突破30万元。

二、销售农资。服务中心内摆放着各类农资产品。该中心在4月份临武公司举办的"放心农资下乡进村保春耕"展销活动中，销售化肥达到90吨。

三、销售净水器。临武公司工作人员、净水器厂商代表与店主通力合作，在附近村落举办了多场展销活动（见图2-3），广泛宣传推广了惠民商城电商平台，收到了良好效果。由于直接从厂家进货，该净水器的销售价格低于当地市场平均价。净水器的利润远远高于超市中日用消费品的利润，所以这项活动也充分调动了店主的积极性。活动期间该服务中心共销售96台净水器，获利约3万元。农民表现出的购买热情，也增强了公司的信心。公司迅速与苏宁电器湖南分公司展开深入合作，通过建设网上商城电器子平台的形式，以优惠的价格和优良的服务来吸引消费者。

图2-3　金利源净水器展销活动现场

四、中国农业银行取款和缴费业务。通过与中国农业银行湖南省分行的沟通交流，惠民综合服务中心已增添了相关设备。目前服务中心内已能完成农行和其他银行的取款、手机费和电费的缴纳等业务。依托农行设备，公司还与湖南省交警总队合作开通交通罚款远程缴纳服务。

五、其他服务。考虑到农民的火车票购买习惯，公司已与广铁集团达成合作意向，将为惠民综合服务中心以优惠价格引进火车票代售设备，使其具备火车票代售权限，方便百姓出行。

公司还把公益服务引入电商服务系统。公司与湖南省人力资源和社会保障厅达成初步协议，在综合服务平台上建设社保服务子平台，承担当地农民社保资金的发放业务，还与中国农业银行探讨开办以社保卡为担保的小额贷款业务。当前湖南省共发放社保卡3000多万张。公司还将完善平台的配套技术和服务，争取让发放的助农补贴、惠农资金、社保金和小额贷款等在惠民商城中完成生产和生活资料的消费，从而做到资金的闭环运行。

公司还与中国人民人寿保险股份有限公司湖南省分公司达成合作意向，将把保险业务引入惠民综合服务中心。此举既满足了日益迫切的农民保险消费需求，服务农村百姓生活，又可为服务中心增添一笔稳定的收入来源。诸如此类的业务，公司还正在与其他机构积极洽谈协商，比如湖南步步高商业连锁股份有限公司、湖南邮通八万物流服务有限公司、湖南新三湘农业生产资料有限公司等。鑫瑞惠民供销（湖南）有限责任公司正在努力搭建一个服务农民生产生活的综合平台，而不仅仅只是注重商品买卖的传统交易平台。

惠民供销综合服务平台正吸引着各县供销社纷纷加盟，而平台本身也为各县供销社的业务扩大提供强有力的支撑。惠民供销综合服务平台是由鑫瑞惠民供销（湖南）有限责任公司在前期一次性投资建成的，每个县加盟进来都能够免费使用平台，无须再在平台建设和维护上进行额外投资，因此加盟的供销社可以把更多的精力投入到扩大服务规模上。还是以临武为例。临武公司共投资100多万，主要用于惠民综合服务中心的内部装修和添置设备。由于各项盈利业务正逐渐成型且形成示范效应，所以当地百姓对惠民综合服务中心的热情很高，纷纷要求申请加入。临武公司计划继续布点，争取拓展到100个惠民综合服务中心网点，实现对县内较大村落的全部覆盖。同时，加强对网点的规范化管理，加大培训力度，做好综合评估，建立退出机制。

拓展网点的投资和实施方案是：前5个网点，临武公司负责内部装修和添置设备，每店投资约8万元；第6—15个网点将由店主承担装修和设备费用，公司给予每店补助1万元；从第15个网点以后，店主要自行承担所有费用，公司不予任何补助，但会对管理、营销等方面进行培训指导，同时继续引入各方资源，促进惠民综合服务中心盈利能力的提升。

点评

互联网经济是讲"粉丝"情结的，粉丝就是黏性高的消费者。面对消费习惯比较保守的农民，培养"粉丝"是一个缓慢而艰巨的过程。鑫瑞惠民的案例给我们提出了一个非常现实的课题：如何培养农村电商市场的"粉丝"？农民也讲究消费体验，耳听为虚、眼见为实，不让他们亲身体会到电商带来的利益和好处，说破天也无济于事。

鑫瑞惠民深谙此道，进军农村电商市场从培育"粉丝"着手，线上和线下结合、公益性和商业性结合、手把手和面对面结合，多举措开展农村电商的普及教育工作，为农村电商发展打开了一个新的窗口。农村的事情急不得，对电商项目实现盈利的时间不能过早期待，必须心中有农民，秉持充分的耐心去培育农民的消费习惯，通过一点点的积累，最终才能集聚可观的"粉丝"群体，培育出一个实实在在的农村电商市场。

3 广供天下：
以开放的思维打造地方特产平台

　　素有"蜀北重镇"和"川北门户"之称的四川省广元市，处于川北山地向盆地的过渡地带，摩天岭、米仓山东西向横亘市北，分别为川甘、川陕界山，龙门山东北—西南向斜插市西，市南则由剑门山、大栏山等川北弧形山脉覆盖。如此专业的地理描述，昭示着广元四周群山环绕。在特色农产品纷纷走出深山、迈向广阔蓝海市场的电商时代，坐拥名山大川的广元具有得天独厚的条件，孕育了多种名优土特产品，其中最出名的就是闻名遐迩的"广元七绝"，即苍溪红心猕猴桃、米仓山富硒富锌绿茶、青川黑木耳、朝天核桃、苍溪雪梨、剑门关豆腐和广元油橄榄。

　　如果没有电子商务，土特产品将只是"养在深山人未知"，很难为外人知晓。2012年7月，广元市供销社控股企业—广元市欣隆资源开发有限责任公司建设了广供天下网上商城，开辟了广元农产品电子商务新市场。迄今为止，全市已建设广供天下商城电子商务运营中心5个，农产品线下体验店15个，电子商务服务站100个，农产品在线交易额累计达4000余万元。广供天下商城已成为在四川省内颇有名气的地方特产网购平台。

一、品名立意重在天下

"广供天下"的名称意味深长。"广供"二字是其核心字义，既代表广元供销社，又象征着广元农产品能够供应天下消费者。在标识中（见图3-1），"广供"二字变化为转动的地球和运动的农产品；地球造型意味胸怀天下、货畅全球；变体字母"e"表达出与电子商务有关；金色麦穗喻义农业和农产品，同时也有丰收的含义；倾斜倩体"GGTX"是"广供天下"的拼音缩写，增添了形式美；最下方是醒目的"广供天下"四个字。此标识充分显示了广元市供销社特色农产品网上交易平台的特点，象征其旺盛的生机活力和广阔的发展前景。整个标识简洁大气、动感十足，易于识别记忆。

图3-1 广供天下商城标识

二、轻资产运营的底气靠合作

广供天下商城的运营主体——广元市欣隆资源开发有限公司，拥有广元城区的商业零售网点、仓储中心、酒店宾馆等设施近1万平方米，固定资产1000余万元，主要从事当地农、林特色产品的开发和销售。虽然拥有较强的实体经济实力，但公司在电商平台建设中，并没有故步自封，而是将广供天下商城定位为：一是广泛合作、市县共建；二是集中展示广元优质农产品；三是承担区域性农产品的供销中枢；四是成为连接城乡的纽带。广供天下商城先后吸纳了广元周帝食品有限公司、广元七绝电子商务有限公司、青川县强林土特产有限责任公司和青川县农汇电子商务有限公司、苍溪县众盛猕猴桃专业合作社、朝天区中子镇供销社等50余家商户入驻平台。在这些商户中，既有农产品生产、销售企业，也有农民专业合作社；既有供销社系统内的企业和基层社，也有民营商贸流通企业。

广供天下商城采取了"轻资产"的运营方式，核心是一个第三方服务平台，经营团队仅有3人。广供天下商城没有自营的商品，货源是由入驻平台的商户自主提供。商家通过注册、审核、签约、授权后，自主上传、管理和销售产品，定时与平台进行财务结算。销售方式是在商城中开设店铺。但与淘宝不同的是，商品不是以店铺，而是以品种为类别进行销售，涵盖了茶叶、菌类、粮油、核桃、中药材、蜂蜜6大类特色农产品，共800余个品种。

广供天下商城的商业模式是把线上与线下良好互动的O2O模式做到极致。广供天下商城拥有15个农产品线下体验店，分布在广元市区和下辖的县区，比如剑阁县剑门关店、青川县乔庄店和旺苍县鼓城山店。15家农产品线下体验店采取招商加盟、自负盈亏的经营形式，按照统一标识、统一制度、统一流程和统一服务规范的模式建店。它们的经营主体就是入驻商城的商户。也就是说，这些商户既在广供天下商城做线上销售，又在线下实体店铺内售卖广元土特产。这15家体验店大多分布在城区的黄金地带，既可以作为展示和推广当地特色农产品的窗口，又可以进行现场销售完成商品交易，充当了广供天下商城的线下展销平台。比如，入驻广供天下商城的广元周帝食品有限公司，在广元市区设有一家农产品线下体验店（见图3-2）。

图3-2　广供天下商城农产品线下体验店外景

在农产品线下体验店内，经营方式包括两种：现场销售和网上销售。第一，现场销售，也就是常规的商品销售。顾客到店里挑选商品，付款结账完成交易。第二，网上销售，也包括两种方式：其一是顾客在广供天下商城中选到心仪的商品后在网上下单，然后商品直接从店里或是仓库发货，再经快递公司送到顾客手中；其二是顾客在店里选到合适的商品后，如果这件商品在广供天下商城中也有销售，店主就会建议顾客从网上商城下单。店内配备有触摸式电脑设备，网上下单的操作可以直接在店内完成。为进一步宣传广供天下商城，电商运营团队与各家商户协商后决定把线上商品的价格定为比线下实体店内的价格低5%—10%。虽然这种做法从短期看降低了店内的商品利润，但各家商户作为广供天下商城的合作伙伴，还是寄希望于把客户尽量往线上引流，从而带动网购销售额的快速增长。

除购买之外，网络消费还有数个关键环节。比如配送，网上销售的商品运费都由卖家承担，即卖家包邮；比如售后，如果顾客在购买商品之后发现有售后问题需要解决，直接与各个店铺的店主联系；再比如结算，顾客在网上下单之后，需要用支付宝结算，这笔费用会先到欣隆资源开发有限公司的财务账户上，然后每个月底再与各个店铺进行结算，结算时欣隆资源开发有限公司会扣除总销售额的5%作为公司利润和平台维护费用。顾客直接上网登录广供天下商城进行网购，各个环节也是如此，都是由入驻广供天下商城的商户直接负责。所以，广供天下商城这种"轻资产"的第三方销售平台O2O商业模式，不需要太大的投资。迄今为止，广供天下商城共投资约50万元，主要用于平台的开发和维护。

三、上下贯通触网到基层

如果只是市社单打独斗，网上商城很可能难以深入农村基层。一来是由于市社自身力量有限，二来是市级供销社的地位在系统内居中，并不与农民亲自接触，影响力和覆盖面也是有限。为此，广元市供销社联合下辖的四县三区供销社，吸引调动县区供销社共同参与广供天下商城的建设和运营。在广供天下商城中，广元市供销社参考了淘宝网"特色中国·地方馆"的开馆做法，为青川、剑阁、旺苍和苍溪四县分别开辟了县级商城。各县级商城均是一级域名，运营方式与广供天下商城基本相同，相当于一个"县级版"的广供天下商城。

青川县位于广元市西部，以山地为主，是"5·12地震"的重灾区之一。青川县森林覆盖率达71.5%，有茶叶基地23.5万亩，核桃基地17万亩，油橄榄8万亩，黑木耳240万棒，竹荪4000亩，年产食用菌1.17万吨，有机水产品2万吨。青川县域内土特产品资源丰富，有青川黑木耳、七佛贡茶、青川天麻、青川竹荪、白龙湖银鱼、唐家河蜂蜜、青竹江娃娃鱼等七个"中国地理标志产品"。

相比周边县市，青川县在农村电子商务方面发展迅速，涌现出赵海伶、王淑娟等优秀电商代表。赵海伶先后荣获四川十大经济人物和阿里巴巴"全球十佳网商"，受到国务院副总理汪洋亲切接见。"敲钟女孩"王淑娟，作为淘宝电商代表，于2014年9月19日在美国纽交所敲响了阿里巴巴上市的钟声，并荣获2014年度广元市十大经济人物殊荣。

青川县供销社及下属企业、基层社，在淘宝、天猫和天虎云商上开设三家网店，在微信公众平台开设微店，还在青溪镇和县城所在地乔庄镇建起了两个营业面积均超过600平方米的广供天下商城特色农产品展销体验店。这两个店的经营方式与前文所述的广元市区农产品线下体验店相同。在广供天下商城青川县木鱼镇电子商务服务站中，货架宽敞明亮，商品摆放整齐（见图3-3）。销售的货品主要是香菇、木耳、蜂蜜等青川土特产。货架上还摆放着各个快递公司的快件。为宣传广供天下商城，青川县供销社还为服务站免费配备了电脑、液晶电视和办公设备供其使用。

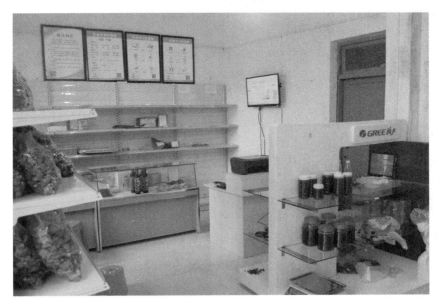

图3-3　木鱼镇电子商务服务站内景

　　做好物流配送是开展电子商务的重要前提。青川县位于四川北部山区，地域广阔，山川众多，人口居住非常分散，物流配送覆盖全县的难度较大。为彻底解决制约农村电商的"农产品进城最先一公里和工业品下乡最后一公里"难题，青川县供销社在现有的农资仓储、配送等物流设施的基础上，联合六家物流公司（申通、圆通、韵达、天天、全峰和中通）组建了青川县物流配送有限公司，股权结构如图3-4所示。这六家公司的快件到达青川县城后，将由县物流配送有限公司统一进行配送，到达各个乡镇和村落，实现物流资源共享。

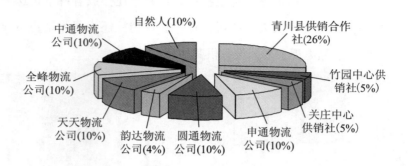

图3-4 青川县物流配送有限公司股权结构

剑阁县地处广元市西南部，守剑门关天险，"剑阁峥嵘而崔嵬，一夫当关，万夫莫开"[①]，有"蜀道明珠"的美誉。2015年初，剑阁县供销社设立了县电子商务运营中心，并注资500万元成立了四川蜀门电子商务有限责任公司，同时从机关人员中抽调年轻人和向社会招聘电商专业人才，组成了该公司的电商团队。目前，公司的主要工作一是承接广供天下剑阁县商城的建设维护工作，二是在县域内开设广供天下电子商务体验店，宣传推介广供天下商城。

剑阁县坐拥国家5A级著名风景区剑门关，每年慕名而来的国内外游客多达数十万人。所以，剑阁县供销社在发展电子商务时，也围绕着剑门关大做文章。在剑门关风景区的西门和东门处，剑阁县供销社以招商加盟的形式开设了4家广供天下电子商务体验店（见图3-5）。当前，这4家店主要是售卖剑阁土特产品，也起到了向外地游客宣传推介广供天下商城的功能。剑阁县供销社还计划对各家电子商务体验店进行升级改造，为其配备电脑和大尺寸显示屏等设备，实现游客店内下单选购剑阁土特产、回家取货的便捷消费。

---

① 出自李白《蜀道难》。

图3-5　剑阁县广供天下电子商务体验店

广元市供销社还运用电子商务的手段做了多种探索，建设了广供天下电子商务网上运营中心，开展农产品代卖、日用品代买和生产生活服务。广供天下商城只是承担了广供天下电子商务运营中心的五项功能之一，即网上农产品销售。广供天下电子商务运营中心还包括商品导购、生活服务、就业服务和政务服务等四个板块。关于商品导购板块，广供天下电子商务运营中心在首页设置了许多链接，比如淘宝、天猫、京东、苏宁易购、1号店和糯米网等知名电商平台。为宣传本地电商产业，该板块选取了20家售卖广元特产的淘宝店铺，放在首页上。生活服务板块包含了快递查询、飞机航班、地图查询、天气预报等与百姓生活密切相关的信息。相关功能的实现也采取了链接的方式，实现了与若干知名网站的对接，比如快递100、携程网、铁路12306网站、99健康网等。就业服务板块和政府服务板块与前者类似，链接到智联招聘、中华英才网、58同城和广元人事人才网、广元市以及下辖四县三区的政务服务网上大厅等。

四、强化指导共筑联合合作新格局

虽然经营业绩非常不错，但困扰广供天下商城发展的首要问题还是关注量。而且，纯粹的第三方平台模式也逐渐暴露出盈利压力的问题。为此，广供天下商城正在进行调整并做了如下三个方面的工作：

第一，逐步增加平台的自营能力，完善农产品电商产业链。

为确保售卖产品的可控，掌握发展的主动权，广供天下商城不断加大自营商品的比重：一方面是依托供销社领办的农民专业合作社和广元市欣隆资源开发有限责任公司的四个生产基地，即利州区三堆九叶青花椒、昭化区元坝蔬菜、龙口海椒、朝天区曾家山蔬菜生产基地；另一方面是为推进农产品品牌建设，提升农产品的加工水平和质量标准，广元市供销社已在市经济开发区征用土地17亩，建设广供天下农产品加工冷链配送中心。项目总投资2618万元，计划建设5000吨冷库及农产品加工、销售、物流设施，总规模10106平方米。该项目的建成将大大提升广元特色农产品的品牌附加值，完善农产品电商产业链。

第二，组建广供天下电子商务有限公司，实行集团化经营，强化资源整合。

在经营主体上，目前广供天下商城是由广元市欣隆资源开发有限责任公司的电商部门来负责日常运营，各家社属企业和县区供销社协助，市供销社负责联系协调。这种局面导致的结果是力量分散，而且电商团队缺少法人资质不便于开展工作。广元市供销社将整合欣隆资源开发有限公司和广供天下农产品有限公司的电商资源，成立广供天下电子商务有限公司来承担供销社电商产业，按照集团化运作的思路，协调推进广供天下农产品有限公司、广供天下超市管理有限公司和广供天下电子商务有限公司的经营发展，使其相互支持，共同促进，合力做大"广供天下"品牌。

第三，充分发挥供销社系统的整体力量，加大宣传推广力度。

整合市级供销社的资源，在广元农产品展销店、百货商场和部分连锁超市内摆放电脑体验设备，派发宣传资料，开展多种推广活动，吸引更多市民接触了解广供天下商城。"广供天下"微信公众号开通在即，这也将成为宣传的一种重要手段。

各县区供销社也将配合推出形式多样的宣传活动，进一步提升广供天下商城的知名度和影响力，并继续建设电子商务服务站，对基层经营服务网点进行信息化改造，计划在全市建设1000个农村电子商务服务站。以青川县和剑阁县为例，青川县将在2015年底建成物流配送中心，为广供天下商城线上业务的开展提供坚实的线下物流支撑，广元市供销社计划在全市推广青川县的做法；剑阁县供销社将依托剑门关5A级景区广泛开展宣传，并调整完善各家电子商务体验店的经营管理方法，创新推广方式。

 点评

不同层级的供销社如何联合，这是一个困扰已久的问题。产权界定不清晰、人事关系不隶属等因素，都制约着各级供销社联合发展。但是，更深层的原因还是思维问题，能否秉持开放的思维是推动联合发展格局形成的关键。四川省广元市供销社借开展电子商务的契机，与下辖的县区供销社统一思想认识，在工作中明确各自的职责，既有分工又有配合，既把握大局又照顾县域特色，整合资源，汇聚力量，共同推进了当地的电子商务产业。在这个案例中，我们可以归纳以下三点启示：

一、开放是王道。互联网经济摒弃了"鸡犬之声相闻，老死不相往来"的传统发展之道，也与"占山为王，各自为政"的思维定式格格不入。正因为如此，广供天下在发展之初，就将构建一个开放式平台作为出发点，从文化立意到电商实践，将"开放"的精神贯穿始终。

二、合作是干道。树立了开放的情怀，合作就成了顺理成章的事情。在合作过程中，作为供销社系统承上启下的重要一环，市级供销社充分掌控本地区资源，发挥区域影响力，调动县区社的参与积极性，充分汇聚各方力量，成功打造了广供天下商城。县区供销社既发挥贴近农村的优势，铺设了电子商务服务站点，完善了线下网络布局，又以开放的思维广罗各方力量，因地制宜整合当地资源，积极寻求对接路径，促进本地电商产业发展，形成了各具鲜明县域特色的电商发展模式。

三、指导是力道。可以说，市级供销社的有效指导，是市县两级供销社齐心协力的助力。比如，县联动，共同破解流量少的难题；市级社建设农产品冷链系统，主动承担县级社办不了的事情；发挥系统优势，集中资源拓展电子商务市场等。广元市供销社用实际行动有力地破解了困扰供销社已久的"合作社不合作、联合社不联合"困局，为推动供销社层级之间上下贯通提供了鲜活的案例。

4 即墨电商：
与村"两委"共建惠农电商体系

　　"党建带社建、社村共建"是山东省供销社系统近年来深入推进的重点工作，旨在整合农村资源，构建以村级党组织为核心、基层供销社为支撑、农民合作社为载体的现代农业生产经营模式和社会化服务机制。在"互联网+"的浪潮中，青岛即墨市供销社独辟蹊径与市委组织部鼎力合作，依托村"两委"，以"党建带社建、社村共建"为切入点引入电子商务，建成了融商品在线交易与基层党建于一体的农村电商平台和完善的供销村级电商服务站体系，构建了供销社新的基层组织和经营服务网络，在山东省乃至全国首创了"互联网+社村共建+党建"的农村电商新模式。

　　即墨市是隶属于山东省青岛市的县级市，地处黄海之滨。全县人口113.4万，其中农村人口63.2万，耕地面积110万亩。即墨市经济实力非常发达，位居2014年中国最具竞争力百强县第17位。即墨市供销社辖有果品公司、棉麻公司、新盛日用杂品公司、霓虹农副产品公司、供销电子商务有限公司、恒华农资公司、新世界大厦共7家社有企业。在20世纪90年代供销社的改制过程中，即墨市供销社的基层组织体系几乎损失殆尽。即墨市供销社如何能在薄弱的基础上发展出极具特色的农村电子商务呢？

2015年初，即墨市供销社将机关中的年轻大学生组织起来，又从社会招聘电子商务专业人员组建了电子商务中心。6月4日，正式注册成立即墨市供销电子商务有限公司。该公司注册资金1000万元，为即墨市供销社独资公司。公司创建之初，就确立了"专注农业、服务农民"的战略定位，致力于开展农产品采购、推介、销售和提供放心化肥、农药、农机具等工作。即墨市供销社还委托第三方软件开发公司，本着超前配置、超前运作、超前发展的理念，开发建设了"中国·即墨农民专业合作社网"、供销三农网上商城（见图4-1），同时还建立了"合作社之家"微信公众号。

图4-1　供销三农网上商城首页

　　"中国·即墨农民专业合作社网"设有特色即墨、教育培训、合作社直播、视频诊断和农产品追溯等版块，定位是即墨农产品的网上宣传交易平台和为农综合服务平台，做到既能宣传交易即墨农民专业合作社的产品，又能为农民带来最新的农业资讯和农产品供求信息，还可以在线提供农业技术服务。值得一提的是，该网站还设有"直播中心"栏目。打开直播中心，网站会自动链接到供销社领办的农民专业合作社或蔬菜种植基地的直播画面。基于这种实时监控功能，采购商和消费者足不出户就可以随时浏览蔬菜瓜果的生产过程。依托此项功能以及领办的数十个农民专业合作社，即墨市供销社与青岛市友客、鲁供天马、佳世客等三十余家连锁超市企业建立了长期合作关系，实行订单生产、集中采购、统一配送。

为进一步推广"中国·即墨农民专业合作社网"，同时实现线上线下融合发展，即墨市供销社还投资数百万元在即墨市区的黄金地段建设了农民专业合作社产品展销中心（见图4-2），吸纳了即墨当地的蓝村大米、白庙芋头、曙光海珍品以及莱西黄秋葵、平度马家沟芹菜、邹平山药等两百多家农民专业合作社和农产品加工企业上千个品牌的产品，每月交易额都在80万元以上。

图4-2　农民专业合作社产品展销中心

依托"中国·即墨农民专业合作社网"，即墨市供销社还积极承担农村党建功能，与市委组织部合作开发了"惠农先锋网"，做到了既能为农民提供全方位的生产生活服务，又能开展基层党建工作。而要想快速推动农村电商，还离不开完善的线下经营服务体系。所以，即墨市供销社借助市委组织部的力量，紧紧依托村"两委"，建立了完善的供销村级电商服务站体系。线上和线下的两方面工作正是即墨市供销社推进农村电商过程中的最大亮点，也是"互联网+党建+社村共建"农村电商新模式（组织架构图见图4-3）的核心要义。

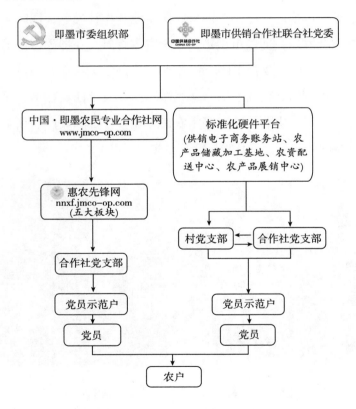

图4-3　即墨市"互联网+党建+社村共建"组织架构图

惠农先锋网于2015年7月上线，线下网点的拓展工作也在有序进行。即墨市供销社在全市1033个村庄中选取较大的村庄开展试点，建设了七十多个"惠农先锋·社村共建 即墨供销电子商务服务站"（见图4-4）。服务站既是组织部开展农村党建的工作平台，又是供销社推进农村电商的重要载体。由于是与组织部合作，服务站要承担党建功能，所以设在了村"两委"办公室中。服务站是由村"两委"指定一个专职人员，一般是由村会计来负责日常管理。关于这个工作人员的称谓，组织部定为"党员网格员"，供销社定为"站点服务员"。

图4-4 移风店镇沙埠村电子商务服务站

建设一个"惠农先锋·社村共建 即墨供销电子商务服务站"需要投资8000—10000元，主要是用于添置电脑和少量办公设备、内部装修以及外面的门头牌制作。由于设在了村"两委"的办公室中，所以服务站不需要承担房租。即墨市供销社主动承接了基层党建工作，故而得到了即墨市政府的大力支持。即墨市政府决定对每个服务站给予10000元的财政补贴，这已经基本能够保证建设服务站所需的费用。

惠农先锋网包括政策法规、党建动态、教育培训、社村共建和为农服务共五个模块。前四个模块主要承担组织部的党建工作，比如发布中央和省市的涉农政策，展现各地党建近况和工作经验，推广现代农业技术和农产品营销知识，以及介绍社村共建的工作情况。第五个模块——为农服务，则是供销社运用电子商务为"三农"服务的主阵地，能够提供农产品销售、商品代购、代买放心农资、测土配方、科技培训和庄稼医院等服务项目。

农产品销售业务（见图4-5）是由站点工作人员对本村及周边的农产品，尤其是特色农产品资源，进行详细地统计调查，看看哪些产品适合放到互联网上销售。另外，如果农民自家种植了合适的产品，也可以自行前往服务站进行申报登记，由"中国·即墨农民专业合作社网"统一发布销售。

商品代购服务（见图4-6）主要依托即将上线的"山东供销—京东慧采平台"。2015年6月，山东省供销社与京东集团签署合作协议，共同建设"山东供销——京东慧采平台"。该平台上线运营后，山东省供销社系统的社有企业将能直接从平台上采购商品，价格比市场价低8%左右。即墨市供销社计划依托此平台，全面收复在即墨已失去十几年的农村商品零售市场阵地，打通即墨农村地区的商品下行渠道。

放心农资代购（见图4-7）以及与之配套的测土配方、科技培训、庄稼医院等服务项目的开展形势非常好。七八月份正是即墨大田作物，比如花生、玉米生长过程中追肥的时机，槐树沟村电子商务服务站的化肥销售量达到35吨，业绩非常可观。沙埠村电子商务服务站在开通仅半个月的时间内，化肥销售量就接近10吨。该项业务受到农民欢迎和市场认可的原因可归纳为如下四方面：

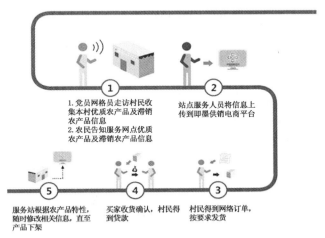

图4-5　农产品销售流程

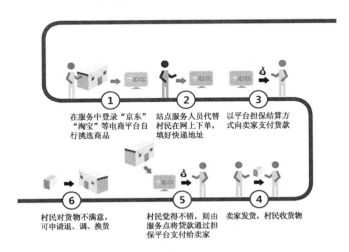

图4-6　商品代购流程

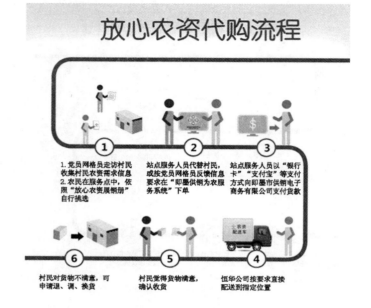

图4-7 放心农资代购流程

一是供销社的信誉资源和村委会的公信力。有供销社长期以来在农村建立的信誉资源作为保证，有村委会的公信力做背书，农民对供销社的产品比较信赖，不会担心买到假化肥。

二是网上销售的部分品种化肥比市场价格略低。依托即墨供销社的恒华农资公司，惠农先锋网汇集了史丹利、红四方等两百多个正规厂家的化肥、农药、种子、农地膜和农机等产品，而且公司拥有青岛市最大的农资配送中心，储存配送能力6万吨，有专门配送车8辆、135个经营网点，覆盖域内80%的市场。恒华农资公司主动让利于民，与即墨市供销电子商务有限公司和村"两委"签订三方协议，把部分品种化肥的价格定为比市面略低。

三是巧妙地利用了村干部的影响力和号召力，并通过经济手段有效地调动了他们的积极性。农村一直以来都是一个熟人社会。

由村民民主选举出的村干部，除了承担领导者的角色，还自然地充当了意见领袖的角色。即墨市供销社与组织部的合作确保与村"两委"建立起了稳固的合作关系。

把利益向村"两委"倾斜，是处理好与村"两委"关系的重要保证。恒华农资公司与即墨市供销电子商务有限公司、村"两委"签订的三方协议规定，如果每月的销售量低于20吨，村"两委"享有每吨150元的提成；如果每月的销售量高于20吨，村"两委"的提成数额则上调为每吨200元。此外，为保证该项目的可持续性，即墨市供销电子商务有限公司还能享有总销售额1%的提成，作为自身利润和平台维护费用。

来计算一下村集体依托此项业务可以得到多少收入。如果按照一个村拥有2000亩耕地来计算，全村的年化肥用量约400吨。按每吨150元提成，那么一年下来村集体将增加约6万元的收入。而这只是化肥代购业务，还有季节性很强的种子、农药和农机具销售，再加上商品代购和农产品销售业务，初步估计村集体的年收入将增加约8万—10万元。

不要小看这笔8万—10万元的收入。像即墨市段泊岚镇槐树沟村这样比较大的村庄（户籍人口1046人，耕地面积约2500亩），村集体的年收入也只有3万元左右。所以，这笔8万—10万元的收入可以大大改善村集体的经济状况，增强其为农服务和带领村民致富奔小康的能力。由此，村干部的积极性将被大幅度调动，这种销售模式将得到他们的广泛欢迎。其实，作为即墨市供销社农村电商业务的基层工作人员，村干部还能起到类似农村淘宝合伙人和京东乡村推广员的作用，这将有助于宣传推广"中国·即墨农民专业合作社网"和惠农先锋网的为农服务系统，有助于农村电子商务网络体系的持续完善。

四是配送方便快捷。一旦化肥代购业务在网上成交，即墨市供销电子商务有限公司的后台就会自动把订单转给恒华农资公司。恒华农资公司再利用强大的线下经营网络和物流体系，迅速安排车辆从农资配送中心或者乡镇经营网点调货配送，最迟第二天就可以送到农民的家中或田间地头，不会耽误使用，非常方便快捷。

即墨市供销社将在现有的基础上继续推进电子商务服务站的拓展工作，在全市建成300—500个"惠农先锋·社村共建 即墨供销电子商务服务站"，布局耕地面积超过2000亩的村庄和较大的农民专业合作社，实现对即墨农村的基本覆盖。

点评

电子商务是需要资源的。农村电子商务能够利用的资源有哪些，怎么利用能够实现效果最好？这些问题不研究透，是搞不好电子商务的。供销社有强大的农村经营网络资源，有电子商务发展的政策资源，有贴近农村的市场资源，有长期培育出来的品牌资源，这些资源都可以成为开展农村电商的优势。此外，作为最基层的管理服务组织，村"两委"在农村生产生活中的地位举足轻重，同时也拥有丰富的网络资源。但是，多数供销社在建设电子商务线下体系时，往往只着眼于自身的基层经营服务网点，比如乡镇连锁超市、庄稼医院、综合服务社，或者下大力气投入资金新建网点，却忽略了村"两委"这一重要的基层阵地。即墨市供销社借着"党建带社建、社村共建"的契机，主动与市委组织部合作，紧密依托村"两委"，协调推进党建工作与电商工作。即墨市供销社的经验告诉我们，与村"两委"密切合作并通过经济手段调动起村干部的积极性，将非常有助于供销社电商的快速推进。所以，应该重新审视一下，农村的哪些重要资源我们还没有意识到，还没有利用起来？

此外，我们要问：为什么同样的资源，利用的效果却大相径庭？这就涉及资源如何利用的问题。比如，供销社引领了全国大量农民合作社，但能不能形成大数据分析系统？即墨电子商务能够动员起村"两委"，背后离不开组织部的大力支持，这又是即墨市供销社值得学习借鉴的地方。因此可以这样说，资源只是电子商务发展的初级要素，要想发挥最大效用还需打磨和加工。这就像一盘炒菜，有好的食材，接下来还要看大厨的手艺。一言以概之，供销社需要拓展工作思维，创新工作观念，积极借助外界力量，整合外部资源来发展壮大自己，进而得到政府的重视与支持。

5 陕西武功：
项目运作力挺县域电商

地处关中平原腹地的农业大县——陕西省咸阳市武功县，近年来在发展县域电子商务方面取得了与其年财政收入不足2亿元经济地位不相符合的卓越成就。头顶"西北电商第一县"的光环，定位于"买西北，卖全国"的电商发展思路，引进发展电商企业55家，2014年电子商务总销售额达到3.6亿元。那么，武功县是如何取得这样成就的？

2013年8月，时任共青团陕西省委副书记的张小平调任武功县长。作为一位从"团口"转任地方的领导，张小平县长对电子商务具备独到的前瞻意识和战略眼光。他敏锐地判断到，电子商务将成为促进社会商品流通的重要手段。对农业大县武功来说，电子商务将是推动县域经济跨越式发展的重要契机，所以上任伊始，他就提出了发展农产品电子商务的设想。

对此，武功县供销社弓文锐主任敏锐地捕捉到难得的发展机会，率先组织农产品生产流通企业负责人、农民专业合作社理事长和电子商务从业者等进行研讨和分析，研拟武功县农产品电子商务推进办法。在此基础上，弓文锐主任主动向县政府请缨，报送了《关于实施特色农产品电子商务平台建设项目的建议》，提出了推进武功县农产品电子商务发展的思路、架构和实施方案。扎实的工作和翔实的方案为供销社顺利争取到了主推县域农产品电子商务发展的工作职能。

作为西部地区的典型农业县，武功县的电子商务应该从何入手？这是一个棘手的问题。单纯依靠供销社的力量是否可行？现实情况给出了否定的答案。武功县供销社在20世纪90年代末期改制比较彻底。目前，虽然武功县供销社拥有六个基层社和三家社有企业，但是社有资产大多破败不堪，基层网点几乎全部依靠出租经营，传统业务基本陷于停滞。单纯依靠供销社自身的力量去引领推动县域电子商务的发展，这一思路断不可行。

天时、地利、人和是事业兴隆的三个要素。弓文锐主任在前期调研中发现了武功县开展电子商务的核心竞争力——区位优势。武功县地处关中平原腹地，位于国家"关中—天水经济区"核心地带和大西安半小时经济圈，东距咸阳国际机场50公里，紧邻我国东西交通的主动脉——连霍高速（G30），坐拥辐射大关中、带动大西北的区位优势，具有4.5小时之内通江达海、连通国际的交通保障能力，是关中地区重要的交通枢纽和物资集散地。为此，在电商工作开展之初，县供销社就紧紧围绕武功建设"西北电子商务第一县"的目标和"立足武功、联动陕西、辐射西北、面向丝绸之路经济带"的口号，确定了"买西北、卖全国"的项目规划思路。

买西北，指的是面向广阔的西北腹地，广泛征集特色农产品货源。目前，武功县已汇聚陕西渭北苹果、核桃，陕北红枣、杂粮，陕南茶叶、菌类，关中肉奶、面食，以及新疆瓜果、干果，西藏牦牛肉、奶制品，青海沙棘、青稞制品，甘肃宁夏枸杞、中药材等西北地区的三十多类三百多种特色农副产品，为聚集在武功的电商企业提供充足的货源；卖全国，指的是将经过筛选、包装、检测后的农产品，通过电商专业团队的线上交易，销往全国乃至全世界各地。这种电商发展新思路可以用32个字来概括，即"面向西北，聚集货源；策划包装，形成品牌；安全监测，绿色可靠；上线交易，行销全国"。

很显然，武功县这种发展农村电商的思路是迫不得已却又眼前一亮的选择。武功县没有足够的产品资源，却有极佳的区位优势。武功县在发展电商产业时以买促卖，创造性地提出了"买西北、卖全国"。这样既大幅度拓宽了上游产品的供给范围，又为激烈的农产品电商市场竞争添加了有力的砝码。

图5-1　武功县工业园区电子商务产业园

分析了自身的优劣势，明确了发展定位之后，武功县的电商产业主要是通过招商引资来带动。为顺利招商，武功县政府首先把县城东侧的原有工业园进行重新规划，设立了武功县工业园区电子商务产业园（见图5-1）。园区基础设施健全，配套保障完善，交通便捷方便，距连霍高速武功出口仅有300米的距离。该产业园计划吸引大型的农产品电商企业入驻。县政府还在电信大楼中拨出一层楼约1000平方米的办公场所，成立了武功县电子商务运营中心，吸引较小的电商公司和电商青年创业者入驻。在组织保障方面，县委县政府成立了武功县推进电子商务发展工作领导小组，全面负责对电子商务工作的组织领导，协调解决各种难题。张小平县长亲自担任组长，办公室设在供销社，办公室主任由弓文锐担任。与此同时，县供销社牵头成立了两个协会——武功县特色农产品生产经营者协会和武功县电子商务协会。前者负责特色农产品的普查、征集、展示、实体销售等工作；后者负责组织电子商务企业与个体网店之间进行信息交流、互通产品，并指导个体网店经营，对店面进行优化升级，实行统一发货，达到合作共赢和互惠发展。

产业园成立了，机构搭建起来了，但要想靠着"梧桐树"，引来"金凤凰"，还需要积极地推广和外联。在这方面，以弓文锐主任为代表的县供销社又在项目运作上大做文章。他们耐心细致地向有意向的企业介绍讲解武功的区位优势、扶持政策和产业规模效应，积极引进外来企业落户。辛勤的工作终于换来了丰硕的回报。西域美农、熊猫伯伯、第八奇迹、艾果工社、淘宝西北商盟等55家电商企业落户武功。全县聚集个体网店400多个，快递公司20多家，日均发货量两万多单，日交易额突破200万元，2014年电子商务总销售额达到3.6亿元，带动当地就业近万人。

项目运作的核心是将资源的内在价值发挥到极致，武功县最大的秘诀就是物流优势。以西域美农公司为例，该公司主要销售新疆特产。原先在乌鲁木齐时，发往东部沿海等主要消费市场的货品，每单限重1公斤，价格在七八元左右。搬迁到武功以后，新疆以及西北农特产品将先统一运到武功进行分拣包装，再销往全国各地。

在武功，每单限重提高至3公斤，价格反倒降到了3.5元。物流上的巨大优势正吸引着越来越多的优秀电商企业纷至沓来，武功也日益成为"西北农产品电商企业聚集地"和"西北农副特产品物流集散地"。目前，武功县电子商务产业园二期工程正在紧锣密鼓地施工建设中。

项目的成功实施还需要强有力的配套支持。电子商务产业离不开数量众多的电商人才，武功县供销社并没有把项目推进的焦点只放在招商引资上。他们认识到，没有人才支撑，招商工作就是一阵风，所以必须为商家提供良好的创业环境，让项目落地生根。于是，武功县供销社与陕西省电商行业协会合作建设了"陕西省电子商务武功培训基地"，与淘宝大学共建了"淘宝大学陕西分校武功培训基地"。迄今武功县已组织各类免费培训45期次，累计培训达3500人次，全县在淘宝和天猫开网店4500多家。这片不到400平方公里的古老土地，正呈现出"大众创新、万众创业"的新气象。人才培养的溢出效应也随之出现，影响力辐射到周边各市县。陕西延安、榆林、汉中、渭南，河南洛阳和甘肃天水等地的学员纷纷慕名来到武功学习。

当电子商务产业园项目如火如荼地进行时，一个更为宏大的项目也正在酝酿发酵着。提早占领农村市场，推动工业品下行、农产品上行，进而构建城乡双向流通模式，这既是供销社履行为农服务这一社会责任的要求，又是掌握农村电商更多话语权的需要。在武功，"智慧乡村"项目成型了。

"智慧乡村"项目是西域美农公司以浙江遂昌的赶街网为模板，对分布在武功农村数量众多的小卖部进行信息化改造（见图5-2），使其承担起附近村民网上代购、农产品代销、话费充值、水电费缴纳、车票预订、快递收发等诸多便民服务功能。项目开展一年多以来，已开设了145家村级服务站，覆盖了全县50%以上的行政村。

图5-2 "智慧乡村"村级服务站外景

弓文锐主任决定充分利用"智慧乡村"项目，计划以"整合一条线、织出一张网、夯实三个系统"为基调全面展开。

整合一条线，指的是县供销社将以收购的方式全面整合陕西美农网络科技有限公司的"智慧乡村"项目。县政府支持供销社的构想，拨款支持供销社收购该项目。武功县供销社将全面整合现有的服务站资源，重新进行规划设计，按照"一村一示范店"的要求，裁撤、合并和调整"智慧乡村"店面，并辅之以商品配送，以确保销售商品的质量，改造其成为供销社的综合服务社，同时加大对小店店主的培训力度，按照加盟店的标准提升店主的管理销售水平和店面的规范化运营程度，全力打造"智慧乡村"成为农村电商的标杆项目。

织出一张网，指的是武功县供销社将在县乡村三级搭建完整的网络体系。县级层面将以武功县特色农产品生产经营者协会、武功县电子商务协会和即将成立的供销社日用品配送公司为基础，乡镇级层面将以县供销社的六个基层社为基础，村级层面将以"智慧乡村"店面为基础。三个层级的全面铺开将建立起属于供销社的网络，重塑供销社基层阵地。

供销社日用品配送公司是武功县供销社以电子商务产业园内县政府低价提供的50亩土地入股（占股35%），与陕西聚客公司合作成立的流通企业。该公司将依托现有的上百家"智慧乡村"小店和供销社的乡镇超市（后文有详细介绍），整合配送车辆和基层社资源，开展日用品配送业务。

夯实三个系统，指的是对外销售系统、对内供应系统和人员保障系统。具体来说：第一，对外销售系统是武功农副特产品的宣传、展示、销售平台，主要依托武功在线网站和中国地方特产网。前者是武功县供销社与城市在线网站合作成立的门户网站，旨在展示武功风土人情、发布政务便民信息和介绍推广农副特产品。后者是由武功县供销社的电子商务企业——陕西武功后稷商贸有限公司建设的区域性电子商务交易平台。中国地方特产网目前已在陕西省的12个县区和甘肃省泾川县开通，并在武功、户县、周至、临潼建立了4个运营中心和实体展示大厅，将成为关中地区乃至陕西全省农副特产品的展示、宣传和交易平台。陕西武功后稷商贸有限公司还在武功县城的黄金地段建立了地方特产展销店（见图5-3），主要用于关中地区农副特产品的日常展示和销售。此外，武功县政府还拨给县供销社100万的支持资金，用于其入股陕西省电子商务公司。该公司是由陕西省供销集团公司牵头，联合电子商务发展较好的若干区县供销社共同成立的，其中武功县供销社占股10%。第二，对内供应系统将依托供销社日用品配送公司，以惠美农网为信息交流平台，致力于日用品、农资和网购商品的配送业务。第三，人员保障系统将主要依托淘宝大学的师资力量，对县乡村三级的电子商务从业者提供全方位的系统培训，为武功县供销社电子商务事业提供坚实的人力资源支撑。

图5-3 地方特产展销店

通过一系列令人炫目的项目运作招数，几乎没有资产的武功市供销社创造了西北电商发展的奇迹，硬是在既无资源又无实力的贫困县，无中生有地闯出了一片新天地，担当了电商产业引领者的角色，走出了一条项目运作带动县域电商发展的全新道路。

点评

有人说，电子商务发展具有无中生有的功能。的确，我们看到很多电商项目在我们身边突然成长起来，其运营模式往往让我们幡然醒悟，原来这里边蕴藏了这么大的商机。陕西省武功县的案例给我们的启示是，只要认真分析资源，只要找准方向，只要善于把资源整合成现实的项目，农村电商发展完全是可以产生奇迹的。这既是互联网带来的奇迹，也是发展观念转变创造的奇迹。我们希望农村的朋友们能够从武功县供销社的做法中学习：

一是在看似不可能的环境中挖掘出商机。武功县经济体量小，经济实力弱，农业以玉米、小麦为主，单一且无特色，农村电商的发展条件先天不足。但是弓主任深谙互联网的真谛，放眼全国和西北来看资源，就发现了互联网带来的商机，以地处"一带一路"战略要地的交通优势，加上互联网的信息优势，规划出了互联互通的"买西北、卖全国"。很多看似没有什么电商发展资源的地方，很需要从这里获得启示。

二是把看似不关联的要素整合成项目的规划。供销社、电子商务、协会、园区等等这些要素，需要有人把它们整合在一起。弓主任能够敏锐地看到县委县政府的发展愿景，立足县域经济去整合各种要素，提出切实可行的实施方案。这比一些地方只能提出空洞的口号，或等待电商巨头来帮忙要主动得多，也会增加自己在电商发展中的话语权。要知道，互联网具有催化资源整合的作用。只要能把项目提出来，项目发展过程会不断催生出新的项目。

三是从看似最匮乏的资源入手进行攻关。人才是武功开展电商最匮乏的资源，武功就从大力开展新农人创业指导培训项目开始，为创业者提供了一条龙的创业服务。所以，发展农村电商，不能看不起不起眼的孵化中心。如果精心打造，就形成了电商平台、创业者、企业、运营服务商共同聚集的电商综合服务体系，为电商发展提供保障。

四是把被忽略的对接服务进行到底。互联网的联结功能在很多时候必须依靠地面的对接工作去充实。武功县供销社积极参与龙头企业的引入与培育工作，比如帮助县域内美力源乳业、秦稷粮业、金稷科技等县域龙头企业通过电子商务销售产品，还采取以商招商、以企招商等多种方式，引进了西域美农等知名电商企业。因此，协会也好，孵化中心也好，以及建立一个强有力的信息收集团队也好，其实都是为了强化互联网的联结功能。

把这一切做到家了，并且和互联网思维结合好了，就很可能产生无中生有之奇效。

6 衢江乡村淘:
借力打力创建农村电商自主品牌

　　衢江区隶属浙江省衢州市,地处浙闽赣皖四省交界,素有"四省通衢、五路总头"之称。衢江区总面积1748平方公里,其中耕地面积26万亩。全区辖10个镇、8个乡、2个街道、1个办事处、272个行政村、3个社区,总人口40万,其中农业人口38万。衢江区有着优越的生态环境和丰富的自然资源,境内山清水绿,林茂粮丰,特产众多。农业以柑橘、粮食、生猪、毛竹四大传统产业为主体,蔬菜瓜果、花卉苗木、淡水养殖、笋用竹、食用菌、中药材、桑茶等特色产业协调发展。衢江区是国家级生态示范区,同时也是中国椪柑之乡、中国竹炭之乡、全国商品粮基地和全国瘦肉猪生产基地。

　　猛地一看,衢江发展农村电子商务具有得天独厚的优势,交通便利、现代农业体系完整,又地处电子商务发达地区。但是,经过了本世纪初比较彻底的改制,衢江区供销社元气大伤,仅辖有一家社有企业——衢江区农资公司,基层社不复存在。别说发展农村电子商务了,就连自身生存都是一件困难的事情。不过,就是在这样一种看似不可能的条件下,衢江区供销社凭着一股主动作为的精神,借力打力,奇迹般地创建了小有名气的"乡村淘"农村电子商务品牌。

一、借力社会资本，下沉协会服务，培育电商企业

2012年5月，为落实浙江省供销社关于在全省系统内成立农产品经纪人协会的工作要求，衢江区供销社联合组织了区内200多家农业种植大户、家庭农场和农民专业合作社等新型农业经营主体，成立了衢江区农产品经纪人协会。虽然农产品经纪人协会的牌子挂上了，架构搭起来了，如何为会员们提供更好的农产品销售服务才是协会能够正常运转的关键，这也成为衢江区供销社领导萦绕于心的思考。此时恰逢全国农村电子商务浪潮乍起，于是2013年7月，在衢江区农产品经纪人协会的基础上，衢江区供销社牵头组建成立了衢州市百特汇电子商务有限公司（下文简称为百特汇公司）。公司注册资本1000万元，由浙江省、市、县三级供销社和衢江区国有资产经营公司以及当地从事规模农业的民营企业家共同投资成立的股份制公司。公司股权结构见图6-1所示。

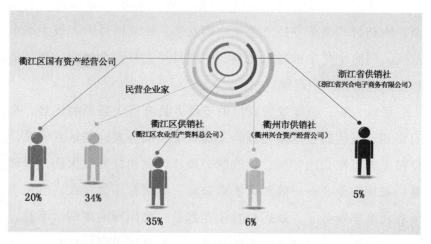

图6-1 衢州市百特汇电子商务有限公司股权结构

二、借力第三方平台，从开特色馆起步创建"乡村淘"品牌

公司成立了，但业务如何起步是横亘在衢江供销社面前的大问题。虽然地处中国电商的发源地，但大家对电商运营基本上一窍不通。经过一番论证，决定边学边干，从入驻特色馆开始创业。于是，衢州市供销社与阿里巴巴协商，开设了"淘宝网特色中国·衢州馆"，并授权百特汇公司日常管理。不过，打造自己的电子商务品牌一直是衢江供销社心中的情结。积累了一定经验后，百特汇公司及衢江区供销社集中优势资源，着力打造自有品牌电子商务项目，于2014年10月正式启动"乡村淘"。"乡村淘"一经推出，就势如破竹，在浙江省衢州市衢江区、柯城区和安徽省黄山市歙县一气呵成开设了三个县级运营中心，建设了县域物流体系和专业的配送队伍，形成了352个农村电子商务综合服务站的网络体系，其中衢江区190个，柯城区112个，歙县50个。同时，公司还在"乡村淘"平台上开发了衢州和黄山两个网上本地商城。

"乡村淘"平台的快速成长，离不开完善的规划。衢江供销社针对农村消费的特点，为"乡村淘"平台量身定制以下三种功能：

1.网上购物服务。网上购物又分为两种，即淘宝代购和商品自营。为了破解"乡村淘"起步较晚、商品品种不够丰富的瓶颈，衢江供销社在村级网点开设淘宝代购服务。消费者在"乡村淘"网站上浏览时，系统会自动选取淘宝网旗下的"爱淘宝"中若干性价比较高的商品，这些商品以农村喜闻乐见的衣服鞋帽和配饰为主。网上购买的操作步骤是：首先，消费者在"乡村淘"网站上浏览商品；其次，当选到自己中意的商品时，消费者点击

该商品；然后，系统会跳转到另一界面，提示消费者去淘宝购买；最后，消费者来到"爱淘宝"网站，在此用支付宝结算后，交易完成。

针对农村特殊消费习惯，"乡村淘"有50种左右的自营商品，以粮油食品、日化用品、农资产品和电器建材以及旅游线路为主。购物方式与其他网购平台相同，可以用银联或支付宝完成支付。交易完成后，所购商品会通过"乡村淘"的物流体系配送至村级服务站。自营商品全部由百特汇公司包邮，消费者不必承担运费。

为了调动农村消费者的网购热情，"乡村淘"专门在网站上设置了"特惠专区"。每周，"乡村淘"会选出两种商品做特价促销活动，一般以食品、日用品和电器为主，比如冰箱和电风扇、洗发露和牙膏、桂花饼和杂粮礼包、猕猴桃和纸巾等。特惠活动时，所售商品的价格要低于平时，所以每次特惠活动都会受到农村百姓的积极响应，销售业绩非常可观。"特惠专区"和特卖活动渐渐成为"乡村淘"的招牌项目。

2.便民服务。为更好地服务农民生产生活，"乡村淘"平台提供了多种便民服务，比如缴纳手机话费和水电煤气费、天气和快递查询、网上银行等。"乡村淘"还通过链接的方式，与携程网、58同城、赶集网、大众点评网等知名生活服务类网站实现了无缝对接。

3.政务服务。由于当前"乡村淘"是在浙江省衢州市和安徽省黄山市两地运营，所以人们可以通过"乡村淘"网站，直接链接到衢州市政务服务网和黄山市政务服务网，查询有关政策规定与办事流程。此外，衢江区供销社正在与衢江区政府联系协调，争取把部分行政审批事项和公共服务的前期工作放在"乡村淘"农村电子商务综合服务站内，比如相关表格的下载打印及填写、电子照相、社保医保等。

三、借力村中小卖店，线下布点构建"乡村淘"经营服务体系

成熟的农村电子商务模式必然离不开完善的线下服务体系。为此，百特汇公司组建了10人的地面推广团队，专职负责农村电子商务综合服务站的选址、装修、培训、咨询、检查、考核和农村宣传促销活动的筹备、组织及销售等具体事项。为给使用电脑不太熟练的村民提供指导，他们还为农村电子商务综合服务站制定了非常详细的、足足有30页的"乡村淘"网上购物操作流程、注意事项和问题处理等书面资料。

在线下网点的建设过程中，衢江区供销社主动联系各乡镇政府，让其充分动员起各村委会，由村委会先对本村人气相对集中、经营业绩和口碑都不错以及店主喜欢接触新鲜事物、有营销想法、懂电脑的小卖店进行统计上报，然后按照每村一店的原则建设"乡村淘"农村电子商务综合服务站。服务站一般采取"店中店"的形式，即在原先的小卖店中辟出约20平方米的场地，由百特汇公司为其免费配置电脑、液晶电视、桌椅以及外面的门头牌和统一的装修。具体投资数额，每店在1万元左右。

"乡村淘"要想能够持续经营下去，还必须对小卖店店主有足够的经济利益激励。农村电子商务综合服务站提供的服务及盈利方式主要有如下三项：

1.网上代购。由于多数农民不熟悉电脑操作，加之现在农村人口以老人、儿童和妇女为主，所以农村电子商务综合服务站的负责

人，即小卖店店主，起到了代购员和消费顾问的作用。他们会帮助村民从网站上选购商品。代购商品及售后服务的操作流程如图6-2所示。无论是从淘宝网，还是"乡村淘"自营商品中购物，根据不同商品的售价，店主能够享有5%—15%不等的提成。

网上购物之后如何取货？店主帮村民在淘宝网上选购商品时，他们填写的收货人是村民的名字，但收货地址写的是百特汇公司所在的地址。当商品由卖家寄送到百特汇公司所在地后，"乡村淘"的物流团队会将其连同自营商品一起配送至该站点。店主再通知村民前来取货或者直接送至村民家中即可。

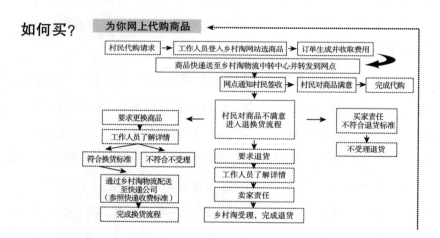

图6-2 "乡村淘"网上代购商品操作流程

2.提供综合便民服务。小店店主依托"乡村淘"平台可以帮助村民缴纳水、电、煤气、宽带、手机通话等费用。此类服务的利润约是缴费金额的0.5%—1%。与百特汇公司的物流体系相对接，农村电子商务综合服务站还可以为村民提供快递收发业务，这项服务的利润大约是每件5元。

对村中小卖店来说，收入提高并不是仅仅体现在上述方面。村民前来网购、缴费、上网查询事项和收发快递时，必然带来店内人流量的上升，加之每村只有一个综合服务站，所以小卖店对村民的汇聚效应是非常明显的。数据统计显示，自开展农村电商服务以来，"乡村淘"农村电子商务综合服务站的商品销售额普遍比原先提高50%左右。

3.其他业务。百特汇公司及衢江区供销社依托衢江区大量的家庭农场、农民专业合作社和现代农业种植基地的种植、储藏及加工设施，实施农产品代售业务。农产品质量追溯系统也将配套建立，记录存储农产品的相关信息。"乡村淘"的梦想是变身为放心农产品销售的平台，而农产品上行的第一个结点就是电子商务综合服务站。

为确保服务站标准化运营，百特汇公司还不定期地对村民满意度、在岗状态、管理配合等方面进行检查考核。各项指标均合格后，百特汇公司会给予小店店主200元左右的补贴。为鼓励店主帮助村民网上代购，还会根据代购数额对店主发放50—400元不等的业绩奖励。

四、借力社会车辆，铺路农村电商服务最后一公里

物流是连接线上与线下的桥梁，是农村电子商务成功的核心要素。为掌握物流主动权，百特汇公司专门投资建设了约4000平方米的仓储配送中心和2500立方米的冷库，拥有了一支专业的配送队伍。百特汇公司还与"四通一达"等快递公司达成合作，由百特汇公司为其代送农村的快件。

"乡村淘"在衢江区布设了六条配送线路，覆盖了县域内所有的农村综合服务站点。百特汇公司的配送队伍只需负责四条线路，另外两条偏远的线路，公司分别采取了两种创新方法，大幅减少了成本。具体做法是：公司的运输车辆先把商品送至乡镇上的农村电子商务综合服务站，该站也是乡镇货品集散中心。在第一条线路，公司为该服务站配备了一辆电动三轮车，店主利用自己的空闲时间把货品送至村中，百特汇公司根据货品数量为其发放绩效工资；第二条线路，同样是由店主配送，但利用的是店主自己的车辆，公司按月给其发放固定工资。

五、借力"乡村淘"品牌效应，规划盈利模式推进可持续发展

为实现农村电商的可持续经营，百特汇公司正在寻求赢利点。"乡村淘"的网点收益已纳入前期规划中。"乡村淘"的每一个农村电子商务综合服务站都是一个独立的宣传窗口，可以通过电视、电脑、宣传页、易拉宝等形式为客户提供包括广告、宣传、销售、招聘等多方面的增值服务。"乡村淘"的网点覆盖面极其广泛，其品牌的市场价值渐显，如公司与本地旅行社合作开展农村旅游，与本地广告公司合作投放汽车销售广告，都取得了不错的效果。随着在全国范围内知名度的不断提升，"乡村淘"品牌价值将得到充分实现。

 点评

从协会到公司，从第三方平台到自建平台，从淘宝代购到商品自营，从生活服务到政务服务，从虚拟购物到O2O，衢江区供销社几乎已经玩遍农村电商的各种方法，这对一个实力不强的县级供销社

来说，实在是不容易。他们的经验告诉所有有志于发展农村电商的创业者，互联网给我们提供了借力打力的绝好环境。要发展农村电商，就必须熟练掌握这种策略。

一、借力打力最重要的是发现"借"的机会。衢江区供销社一无资产、二无经营服务网络、三无人才，所以看起来乡村淘的发展很偶然，但其中蕴含了必然。偶然在乡村淘并不是清晰的电子商务战略的产物，而是在农产品经纪人组织中显现出来的需求刺激的结果。必然是在这种刺激下，衢江区供销社能够审时度势，顺势而为发动大家一起做电商，就此乡村淘应运而生。其实，很多企业的发展之初看起来并没有那么动人的故事，但是就在这偶然之间才能显示出创业者的敏锐气质。

二、借力打力最可贵的是高超的应变之道。看起来，乡村淘的发展方向并不是很清晰，既有第三方平台，又有自营平台，既有代购，又有自营。其实，在农村电商发展之初，这种摸索是必然的。不借助第三方平台，就无法借力发展自有平台，这就是一种应变。最重要的是在第三方平台把你引进门之后，你自己的修行水平如何。

三、借力打力的最高境界是创建自己的品牌。品牌是最具价值的无形资产。互联网技术在流通领域的运用，最大的革命是销售通路和商业模式的变革，但没有改变基本的商业规则，也没有改变品牌的作用。乡村淘在发展中一开始走了别人的路，但却打着自己的旗，也就是创建了自己的品牌，因为他们深知，只有品牌才是借力打力的压舱石。其实道理很简单，品牌的核心是价值认同。当我们将品牌的使命、愿景、责任清楚地与事业的通路人进行沟通交流后，合作伙伴会与我们一道，义无反顾地加入到品牌创建的事业中去。当然，品牌的价值认同和说服工作是一个艰难的过程，相信衢江区供销社在这方面付出了巨大的心血。

互联网是一个连接的工具，它具有无限连接的魔力，但是需要有人能够掌控住它的魔力，它才会带给我们无尽的财富。因此，如果总结一下乡村淘发展的启示，也许可以这样说，借力打力就是地道的互联网思维。

7 河北涉县：
电商玩转山中老核桃

涉县位于太行山东麓，河北省西南部，晋冀豫三省交界处，隶属河北省邯郸市。涉县是一个全山区县，辖17个乡镇，308个行政村，464个自然村。全县总人口40万，随着进城务工人员增多，农村居民已不足20万。涉县农产品资源丰富，核桃、花椒、中药材是支撑农村经济发展的三大主导产业。

涉县供销社经营服务体系比较完整，有9个直属公司、19个基层社、236个自有农村经营服务网点和283个加盟店。在日用消费品供应上，建成盐业和烟花爆竹两个专营商品配送中心、老城隍庙和崇龙商城两个日用消费品配送中心，农村日用消费品配送率达到60%。涉县供销社对全县农村网点进行了改造，实行统一店牌标识、统一制度规范、统一配送方式、统一服务承诺，在80%的行政村建成了标准化的"供销社超市"。虽然社有资产实力比较雄厚，但涉县供销社并没有只是满足过去取得的成绩，而是依托自身经营服务资源，布局并引领涉县农村电子商务产业发展，特别是将当地特色农产品上行做得有声有色。老核桃就是涉县供销社的经典之作。

一、电商起步勾起农民兴趣

2014年12月，涉县供销社抽调机关和社有企业中的年轻人，组成了电商专业团队，成立了全资电商企业——涉县农交惠电子商务有限公司，注册资本500万元。涉县供销社还通过整合商务、团委、科技等部门资源，牵头组建成立了涉县电子商务公共服务中心，争取到了主推涉县农村电子商务的职能。

运营主体成立了，选择哪种方式来开展工作就成了首要问题。为此，2015年1月，涉县供销社组织人员赴浙江省丽水市遂昌县考察了闻名全国的"赶街"农村电子商务服务体系。经过实地参观与交流，涉县供销社认为"赶街"模式适合涉县农村的现实情况。于是，涉县供销社与浙江遂网电子商务有限公司迅速达成合作协议，全面引进"赶街"模式，在县城建成了"赶街"县级运营中心（见图7-1），在原先的农村"供销社超市"基础上建设了22个"赶街"农村电子商务服务站（见图7-2），覆盖到全部乡镇。涉县"赶街"农村电商体系融合了供销社线下实体网、农村物流网和赶街网络交易平台三张网，能够为农民提供网络代购和电费、手机费代缴以及农产品进城等多项服务功能。通过"赶街"农村电商体系，农民即使不会上网也可以委托服务站的工作人员帮忙买到物美价廉的商品，价格最高可便宜40%左右。"赶街"模式的引入使得涉县太行山深处的农民也能轻松享受网上购物的便利生活。

图7-1 "赶街"涉县运营中心

图7-2 "赶街"农村电子商务服务站

涉县供销社借鉴了"赶街"农村电商模式的物流理念，即网购的快件先统一由卖家寄至"赶街"涉县运营中心，然后再由自己的物流体系送至各个农村电子商务服务站，实现对县域农村快件配送的全覆盖。涉县供销社充分利用了实体经营服务网络发达的优势，暂时委托另一家社有企业——县盐业公司在下乡送货时代为配送。县盐业公司的6辆货车覆盖了全部农村，能够直接把快件送达服务站点，真正做到了让农民在家门口也能收发快递。

自"赶街"模式引入以来，网上购物在涉县农村已呈全面开花之势，农民对这一新兴的购物方式表现出了极高的热情，商品主要涉及服装、鞋类、农机具、汽车配件等。对服务站来讲，帮助附近农民网上代购既能够根据代购金额来获得返利，同时还增加了该超市的人气，间接带动了日常商品的销售，达到了双赢效果。

二、精雕细琢挖掘农产品特色价值

"赶街"模式的引入让涉县农民充分享受到了电商红利。然而，农村电子商务并不是只把日用品下行做好就行。对广大农民来说，更为重要的还是要把当地特色农产品通过电子商务卖到外面去，这也是涉足农村电商的众多企业一直在探索尝试和苦苦寻求破解之道的问题。作为涉县供销社农村电商产业的运营主体，涉县农交惠电子商务有限公司（以下简称农交惠公司）深知农产品上行的难度。引进"赶街"模式之后，他们开始把眼光投入到了农产品线上销售。公司运营团队没有贪大求全，而是选择了以本地独有的百年老核桃作为突破口，探寻农产品与电子商务对接的切合点。

我国的核桃种植分布面积很广，陕西、山西、四川、河北、甘肃、新疆、云南等省（自治区）都产核桃。虽然涉县在2008年就被命名为"中国核桃之乡"，但如果不把特色充分挖掘出来，涉县核桃是无法吸引消费者关注的。经过一轮又一轮的脑力激荡，农交惠公司将目光聚焦在涉县核桃独一无二的优势——百年绵核桃树。这些绵核桃树的树龄大多在百年左右，生长于太行山区。因土生土长和历史久远，核桃仁的口感极佳，是核桃中的精品。围绕着这一特色，公司运营团队有针对性地塑造出了百年老核桃的三大价值：

1.百年老核桃的老味道。为什么要打出"老味道"这张牌呢？其实这也不难理解，现在城市生活中的人们对原始方法种植的、未施用化肥农药的有机蔬菜或水果情有独钟，因为只有这些蔬菜瓜果才是记忆中小时候吃过的味道，是纯正的、自然的和原生态的。涉县独有的这片老核桃树上结的核桃，味道纯正，产量又极少，这就更凸显了它们的价值。

2.百年老核桃的营养价值。除了口感，公司运营团队还深入发掘出了老核桃的营养价值，并且经过了科学实证，比如老核桃中的磷脂、蛋白质和不饱和脂肪酸能起到补脑、长寿、防止动脉硬化、预防冠心病的作用。而且这些营养元素的含量远高于改良过的现代核桃。

3.百年老核桃的革命历史价值。涉县不仅物产丰富，还是革命老区。抗日战争和解放战争前期，八路军一二九师司令部就位于涉县，刘伯承、邓小平等老一辈无产阶级革命家曾在这里战斗和生活达6年之久。所以，公司运营团队还提炼出了老核桃的爱国主义教育元素，对核桃的价值再次进行了升华。2015年恰逢抗战胜利七十周年，所以涉县百年老核桃被命名为"胜利果"。他们还结合七八月份央视热播的电视剧《太行山上》进行宣传营销，取得了很好的效果。这是因为《太行山上》就有一部分情节是在涉县山区拍摄的，许多场景都出现了百年老核桃树的身影。

初级农产品进入电商市场的主要阻碍在于其难以做到标准化，产品质量也不能有效追溯。为解决这个问题，公司运营团队精心打造了安全放心的百年老核桃供应链。首先，选定了一片自然生长、占地200余亩、共600株的百年老核桃树生产基地，与当地农民在春天就签订了收购合同。待秋天核桃成熟之后，农交惠公司将以不低于市场价的协议价格全部收购这片生产基地的核桃。为确保百年老核桃的产品质量，农交惠公司投入大量资金建设了涉县核桃监控物联网追溯系统（见图7-3）。该系统建立起了从种植、施肥、浇水，一直到采收、加工、销售的全程规范化管理品控体系。通过该图可以看出，无论是核桃基地建设、病虫害防治、除草施肥，还是采摘分拣、去皮烘干、入库加工、包装销售等环节，也就是核桃从地里生长到消费者购买的全过程，公司都无一遗漏地进行了详细的信息存储，做到了全程质量可追溯。

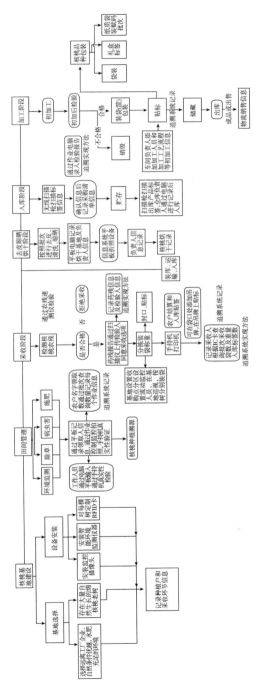

图7-3 涉县核桃监控物联网追溯系统流程

为实现要求如此之高的目标，公司特地购买了用于监测和信息传输储存的多种仪器及系统，比如传感器、信息存储器、气象监测仪等（见图7-4）。核桃监控物联网追溯系统对每棵老树都进行了编码，从空气温度、湿度、土壤、周边环境、田间管理等方面详细地监控该树的生长状况。销售时，每袋核桃上都配有一个溯源码。消费者只需扫描溯源码，就可以追溯到核桃产于哪棵树以及这棵树的全年养护情况，比如产地，责任人，使用农药和化肥的品名、用量、时间，以及采收、加工、包装、运输、销售等环节的信息都会呈现出来。消费者还可以通过互联网查看到百年老核桃基地的监控实况和重点环节的视频资料。

图7-4　百年老核桃基地的监测仪器

三、独辟蹊径破解农产品上行难题

生产和品控环节做好之后，接下来的关键就是销售了。为了快速打开网上销路，农交惠公司先后开办了淘宝农品惠特产馆和工行融e购三珍店，但最为倚重的销售渠道还是微信。作为一种新的营销方式，微信利用连接一切的能力，能够做到点对点精准营销，通过一对一互动的形式建立起与客户之间的强关系，并通过快速、呈几何级数的扩散来不断扩大影响。公司营销团队利用微信朋友圈、微信公众号和微信群等工具，抓住一切机会向外界积极宣传推广涉县百年老核桃。公司每位员工都加入了数十个微信群，每天都会在群中不遗余力地推出一到两条核桃宣传信息，就连涉县供销社主任也亲自上阵，以至于在微信群里被戏称为"核桃主任"。持续不间断的微信信息推送，营造出良好的销售氛围。涉县核桃上线的第一个销售季，销量达到30万斤，实现销售收入450万元，比传统销售增加了15%。

百年老核桃的成功，让农交惠公司看到了农产品上行的巨大潜力。他们开始规划引入更多的涉县农特产品，比如太行山野生黑枣、花椒芽菜、核桃油等，每年打造一至两款爆品，用3—5年的时间全面覆盖当地的特色农产品，把更多的涉县特产输送到广阔的电商市场中去。

 点评

众所周知，农村电商的难点在农产品上行，即通过互联网将农产品从农村销往城市。基层电商实践者面临的现实难题是，农产品上行如何做？涉县供销社在发展农村电子商务中，根据自身条件和资源禀赋，创造了一个老核桃的成功案例，给全国各地基层电商创业者们提供了很好的借鉴：

一、做好农产品上行，选择产品是关键。我们看到一些地方的农产品电商发展不够顺利，其一个重要原因就是产品选择不当。其实，农产品电商发展有一个误区需要澄清、有的人认为城市和农村存在着信息不对称，所以传递了信息，沟通了供求，就可以发展农产品电商。这是错误的。城市消费者处于信息包围之中，对他来说，不是要知道什么，而是要动心什么，因此产品的选择是第一位的。涉县供销社精心选择的老核桃产品，对产品的特性和定位做了很认真的分析，这几乎已经成功了一半。

二、做好农产品上行，单品营销可突破。这其实又是一个困扰农产品电商的问题。目前不少的农产品电商都很难盈利，这是因为在他们的营销货架上集聚了太多的产品。多品种营销往往是最基本的选择。但是，涉县的案例告诉我们，单品营销也是完全可以突破的。关键是要挖掘出产品的特殊价值，要知道，城市消费者要的是不同的价值，而不仅仅是不同的产品。而且，单品营销对于一个小公司来说，也可以集中精力聚焦，把产供销的供应链磨合好。

三、做好农产品上行，全渠道打法是个宝。在老核桃销售的渠道中，微信渠道发挥了神奇的作用，相当比重的产品都是经由微信渠道销售的。这种方式成本极低，非常接地气，与淘宝店搭配，可以起到空中部队与地面部队匹配的效果。公司全员都成为微信渠道的运营者，这为我们提供了一个全员全渠道的范例。他们的实践说明，虽然这些策略和方法看起来还比较稚嫩，但只要秉承创新这条主线，就一定能把农产品卖好。

8 灵武长枣：
地标产品下的冷链系统

从宁夏银川河东机场，驱车十几分钟便能到达隶属于银川的一个县级市——灵武市。灵武区域面积4600多平方公里，常住人口约有26万多，非农业人口占总人口的48.5％，是国家优质果品"灵武长枣"基地。随着国家"一带一路"发展战略的制定，以银川河东机场为中心，空铁联运、铁海联运、公铁联运的立体化"向西"开放物流通道已初步形成，灵武市正位于这条战略通道之上。

一、"灵武长枣"触电，地标产品潜质无限

灵武倚黄河之利，农业、水利资源十分丰富。黄河自南而北，流经境内47公里，素有"塞上江南"之美誉，养殖业和蔬菜、瓜果等种植业十分丰富发达，特别是得益于北纬37度得天独厚的气候条件和光热资源，以及黄河之水的浸润，孕育出其地标性产品"灵武长枣"。"灵武长枣"因果实硕大饱满而富有弹性，光泽艳丽而入口生津，果肉甘甜而绵香醇厚，富含人体必需的多种矿物质元素和维生素，成为最具宁夏特色的地方土特产之一，灵武也被国家林业局命名为"中国灵武长枣之乡"。在灵武市区通往乡镇的沿途，分布着大面积的长枣种植带。全市长枣种植面积14.2万亩，占到灵武农作物种植面积的27％，年产长枣1400万吨。

灵武市供销社主导的长枣产品主要有15大类6000余款单品（见表8-1），通过与银川市邮政速递（EMS）联合建立灵武长枣邮政快递服务网络，在全国建立150多个产品专卖店，辐射全国31个省区市；与华润万家、家乐福、深圳天虹、北京二商集团、北京天虹、北京华联等商业集团合作，产品进入全国2600余家连锁超市进行销售。近两年，分别与京东、淘宝网、顺丰优选、顺丰嘿客多方联合建立了网上交易平台，进行线上线下销售，实现销售额1.4亿元。

表8-1 "灵武长枣"的主要代表产品

"沙漠鲜"牌有机灵武长枣：产自原生态的沙漠之中，色泽鲜艳，酥脆爽口，酸甜适中，已获得有机认证，年产量1200吨，受到高消费群体的青睐，产品供不应求
"灵丹"牌绿色灵武长枣：富含人体必需的矿物质元素和维生素C，绿色安全，营养健康，年产量4000吨
"艾依河"红枣醋系列产品：体态清亮，色泽红润，枣香浓郁，酸味醇厚，口感柔和细腻，产品远销深圳、上海等前沿城市，备受欢迎
"盛康源"红枣酒系列产品
"灵丹"牌西夏玉枣制干休闲类系列产品：该品牌先后荣膺"宁夏名牌产品""中国名牌农产品"和"宁夏著名商标"等荣誉称号

借助第三方平台的销售，灵武市供销社积累了网上销售的经验，体会到网上销售带来的快速、便捷。但是，他们深切感受到单纯依靠第三方平台的被动性，酝酿着自己的电商发展道路。经过一番精心准备，由灵武市供销社、灵武市果业开发有限公司、宁夏农利达农资有限公司、灵武市星通职业技能培训学校共同投资的宁夏皇都电子商务科技有限公司（以下简称"皇都公司"），于2015年6月份成立。8月15日晚，电子商务服务"三农"新时代专场文艺晚会在灵武市广场举行，以供销社工作人员为主的演员阵容，通过他们朴实的表演，向当地群众普及宣传了农村电子商务这一新生事物。十几家农民专业合作社、3000多名观众亲临现场，"灵武网上供销

社"平台在当地高调亮相。

公司刚刚成立就进入了工作状态，在对市场消费结构，以及灵武供销社资源、当地农产品、交通等进行分析的基础上，确定了以批发市场改造和冷链系统建设为重点，以长枣为主的地理标志产品线上线下运营的电子商务发展战略（组织结构见表8-2）。

表8-2 "灵武网上供销社"的组织结构

部门	职能
电商部	主要负责与全国电商平台的对接，主要平台有：供销社全国电子商务平台、淘宝特色中国灵武馆、一号店特产中国灵武馆
运营部	主要负责农特产品的拍照、美化、文字说明、宣传视频制作等
外联部	主要负责与灵武市农特企业日常联系和业务拓展
物流部	主要负责与顺丰等物流企业签订框架合作协议，降低物流费用拓展外部电商运输；利用现有冷藏车和运输车辆完成"最后一公里"实现电子商务进农村的基础条件
农资部	主要负责全市农资网点的经营和销售，并逐步利用现有电商网络实现农资上网和电商配送

二、冷链系统护航，长枣上线无忧

灵武市生鲜农产品的突出特点是，以夏秋两季为主，集中上市。为了适应这种短时间大批量成熟的生鲜农产品，"灵武网上供销社"围绕"订单式、预售式B2B"的营销模式，专门建设了"长枣冷链配送中心"。

冷链中心由灵武市果业开发有限责任公司（以下简称"果业公司"）投资建设。果业公司是专业从事特色果品储藏保鲜、冷链物流及精深加工的涉农企业，是中华全国供销合作社总社重点农业产业化龙头企业，有灵武长枣标准化有机生产基地4000亩，大棚有机长枣基地和葡萄基地500亩，有机西夏玉枣（干制品种）种植基地

3600亩，鲜枣绿色食品生产基地2万亩，开发出灵武长枣（保鲜）、鲜枣饮料、鲜枣酱等产品。

"灵武长枣"冷链中心（见图8-1）建设面积达157.86亩，有2000吨和5000吨冷库各一座，加工车间5800平方米，宁夏红枣工程技术研究中心实验楼700平方米。该冷链中心拥有一个冷鲜库，其中12个小型变温冷库，储藏能力5万吨，冷链运输车2辆，普货运输车12辆，每天可运输80吨长枣，这些设施对长枣的网上销售起到了极大的支撑作用。

图8-1 "灵武长枣"冷链中心

灵武供销社注重冷链技术的研发，通过校企、院企合作，组建成立了宁夏红枣工程技术研究中心，先后完成灵武长枣复式相温气调保鲜关键技术的开发、灵武长枣分级分选生产线研制等20多个项目，共获得14项成果和16项专利。2015年，灵武供销社重点对灵武长枣全程冷链技术开展合作，在原有冷链系统的基础上进行改扩建。改扩建的冷链系统项目总投资2760万元，已建成培训、信息化服务楼1800平方米，产品检测和实验楼700平方米，长枣产品展示和信息化交易中心800平方米；建成灵武长枣预冷保鲜库一座（见图8-2），建筑面积5000平方米，购置安装相应制冷设备，叉车1台，15吨冷藏车1辆，箱式配送车3辆，分级分选设备5台。

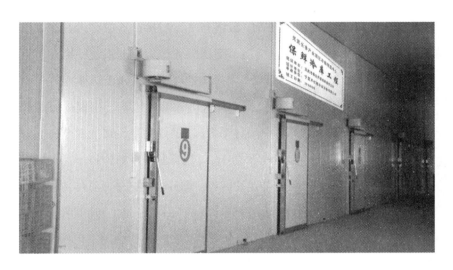

图8-2 灵武长枣制冷保鲜库

　　冷链系统建设对农产品的规模化、标准化提出了更高的要求。为此，灵武市供销社着手将区域内具备一定实力与规模的农民专业合作社、农业公司等基层网点培育成"灵武网上供销社"的生产基地，进行信息化改造，与平台链接，分享供需信息，按照供销社的生产标准组织农民生产，提供规模化、标准化的农产品。被整合的基地需要具备以下条件：第一，供销社参股至少35%以上；第二，基地通过绿色认证，具备设施农业的基础条件，并为有机认证作出积极准备；第三，基地有专业的技术员和特有品种。目前，已建成包括灵武市"宁六宝"果品专业合作社、灵武市农友果品蔬菜专业合作社等在内的9个电子商务基层网点，为实现B2B营销模式提供了货源保障。

三、布局全域物流，对接传统市场

　　灵武市供销社清醒地认识到，仅靠网上订单销售是不行的，必须打通果蔬的全网营销通道，其中批发市场是不可或缺的。对现有的批发市场进行信息化改造，通过终端连接将数据通过互联网传输至数据机房，由服务器生成数据报表，最终与平台对接，形成和批发冷库市场的农产品数据分析、信息交换、交易服务等大数据系统，推动了批发市场各种农产品交易的繁荣。在2015年1月，灵武市温棚西红柿喜获丰收，大量品质优良的西红柿引来区内外客商抢购。梧桐树农贸综合批发市场（见图8-3）与全国31个省区市与134家大宗批发商建立合作关系；灵武"网上供销社"平台上，仅7月20日至8月7日十几天内，每天就有70余吨本地产西红柿销往区外，累计销往区外西红柿1732吨，价格已由2014年每公斤0.20元上涨到今年的1.81元，是上年同期价格的9倍，销售金额共计223.74万元。信息化改造带动了种植大户在更大范围的销售对接。梧桐树九队种植大户马某销往广州、杭州、福建等地西红柿有1063吨，左某销往四川、武汉等地西红柿有180吨。这些种植大户兴奋地说，以前种西红柿试探着来，种多了怕卖不出去烂在地里，种少了又怕市场行情好挣不到钱，现在有了"网上供销社"，通过网站的供求信息，可以直接联系到全国各地的买家，统一组织货源，集中发货，既保证了货源，又节省了运费，利润比以前高多了。

图8-3　农民正在梧桐树农贸综合批发市场里按标准分拣西红柿

四、冷链延伸至终端，撬动社区果蔬网上销售

灵武市供销社对自己的冷链系统充满了自信。当农产品批发市场的改造如火如荼进行中，他们已将目光转向当地及周边县市居民的菜篮子工程，投资21万元扩建灵武市顺天蔬菜冷链配送中心。该冷链配送中心经过信息化改造，于2015年8月10日正式启用。总占地面积5333.28平方米，拥有15匹三台制冷设备、5台风机，能同时储存12吨蔬菜。库房的信息化改造主要通过库管设备和库存管理软件实现，实现库管的信息化和平台的ERP系统对接，保证数据的实时传输。同时，配送中心设有蔬菜分拣包装车间，对各种蔬菜经过精细分拣包装后，通过全国供销总社的信息网络系统和信息管理系统，进行网上销售。

发挥冷链系统优势，实现与社区生鲜零售店对接，灵武市供销社是有底气的。灵武市供销社是本市及包括银川市在内的周边县市四家连锁超市共40多个门店、社区超市和果蔬店的果蔬供应商。四家超市已经积累了60多万会员，其中，爱家超市7万，华荣兄弟超市6万，小任水果店22万，兄弟超市31万。超市、果蔬店按照"灵武网上供销社"平台运营的要求，在皇都公司的帮助下，自主投入进行信息化改造，与顺天蔬菜冷链配送中心对接生成订单。配送中心将原有的2辆配送车加装GPS定位设备、通信设备，通过运输指挥中心完成运输调配，为超市、果蔬店提供实时性配送。此外，还建成10个社区电子商务服务站。这些服务站既是日用品及生鲜、果蔬的销售场所，也是县域物流的节点，承接向村级服务网点配送的任务。

点评

果蔬类农产品电子商务难做，这是业内的普遍感受。据不完全统计，约有90%的生鲜电子商务企业处于亏损状态。众多专家学者在对生鲜电商的研究中列举了大量的制约因素，如冷链系统不完善、易腐烂、损耗大、物流成本高、价格波动大、网上消费习惯没形成等，不一而足。但是，这些理论上的探讨并没有减缓实践者探索的步伐。其中，灵武市供销社在这方面的实践，为我们破解生鲜电商发展的瓶颈，提供了许多值得思考的路径。

一、什么样的农产品适合做电商？我们在生活中有一个共同的体会，到书店买书，更容易买到的是畅销书，冷门书在书店是很难买到的。但是网络书店为冷门书的销售提供了非常好的途径。销售成千上万的小众图书，哪怕一次仅卖一两本，其利润累计起来可以相当甚至超过那些动辄销售几百万册的畅销书。这就是著名的"长尾理论"，即处于盈利尾巴的、数目更为庞大的小众商品，同样构成一个大市场。因此，选择针对小众、个性化消费群体的信息对称、产品标准化的生鲜产品，是电子商务成功的前提。从这个角度分析，我们就不难理解，为什么灵武市供销社在开展电子商务中，要选择灵武长枣这个地域特色明显的地理标志产品作为主打产品了。

二、生鲜电商关键的环节是什么？毋庸讳言，冷链恐怕是绕不过去的坎。我们选择灵武的案例，目的是告诉大家一个道理，冷链系统建设是支撑生鲜电商可持续成长的基础性工作。在生鲜电商领域，谁掌握了冷链环节，谁就能占有市场的主导权。冷链是生鲜电商竞争的焦点。

三、生鲜电商未来的渠道格局是什么？废掉现有的销售渠道，将电子商务当作救命稻草，不是实事求是的做法。灵武市供销社在规划中，不排斥线下销售渠道，注重对批发市场、社区门店等传统渠道的信息化改造，构建果蔬类农产品的全渠道销售体系，最终取得的成就有目共睹。我们从灵武的案例中是否可以得出一个基本的判断：农产品电子商务仅仅是农产品销售的一种途径，是针对小众消费群体的个性化销售，不是解决大宗农产品、大众消费的有效渠道。未来农产品流通的格局是，以批发市场为主体、以农超对接为方向、以电子商务和直供直销为补充。

9 达哥拯救老味道：
农业微电商的玩法很过瘾

提起农业、农产品，一般人都会觉得比较土，一点也不高大上，更谈不上时尚。但电子商务的介入却神奇地将农业与高科技紧密结合，让农产品变得有故事和高端，甚至让卖大米的农民变成了IT小白领。清原天丰农业发展有限公司积极投身到农业电商的浪潮中，坚持产品的高品质，注重有机、天然和安全。董事长刘达（圈里人称"达哥"）以拯救老味道为己任，在微电商的舞台上把传统的农业玩得有滋有味。

玩法一：有机农业当从源头抓起

现在，食品安全是广大消费者最为关注的话题。因此，时下各类"有机"大热，但凡沾上"有机"二字，不管是粮食、蔬菜，还是各种水果，身价都可以翻倍。而深入了解有机产品的人都知道，要想真正做好有机农业就必须从源头抓起。清原天丰农业发展有限公司在辽宁省抚顺市清原满族自治县建设了生态粮食生产基地（见图9-1），并为自己的产品注册了"额谷"品牌（见图9-2）。清原县是满族的发祥地，浑、清、柴、柳四大河发源于境内，百余里山林环绕，森林覆盖率66.7%。这里阳光照射充足，昼夜温差大，植物生长期长，河流密布，水源丰沛，还有本地独有的珍贵"草炭土"，土地因千百万年的植被沉淀而更加肥沃。

图9-1　辽宁清原生态粮食生产基地

图9-2　"额谷"品牌

　　额谷人在河流源头找到了这块稀缺的土地，也唯其稀缺，选择了像祖辈那样，用最复古的方式亲手种植稻谷，绝不使用任何化肥和除草剂。从育种研发到田间管理，再到后期储藏加工，全程不假人手，以确保餐桌上每一粒大米的质地和口感。

　　"源头模式"的得以实施，还在于与抚顺天农种业有限公司的合作。土地之外的另外一个源头——种子，全部都是由天农种业研究培育出来的。

　　在种植环节的管理上，额谷以科技实力和管理技术，务求精耕细作。额谷人坚持以复古种植的方式，从头到尾只用农家有机肥。

额谷大米的主打品种——天丰121大米就是由其研发的当地土种与稻花香2号的杂交品种，口感独特、香味浓郁、营养丰富。每年开春时，大量的鸡粪被送入田地，晾晒10天后才深耕翻到地里。在生长过程中人工除草、除虫和收割，以确保不受到除草剂等化学物质的侵蚀，不受到农机废气的污染，这就是额谷的生态有机特色。

额谷大米的加工方式也与众不同，采用小型鲜米机现磨。这种方法能够保留大米80%以上的胚芽和胚乳。各种营养物质，尤其是维生素、无机盐和膳食纤维，比精加工方法加工出的精白米丰富得多，因为胚芽仅占大米质量的2%左右，但营养价值却占大米的50%以上。

在储存方式上，公司在清原当地山体里面的恒温恒湿库里储存着带壳的稻谷，加工后运送到北京，所以客户永远都能够吃到最新鲜的大米。

在董事长刘达的眼中，品质始终是第一位的。他认为，只有把粮食种好，才能去谈推广和营销，否则一切都是空中楼阁。"我只管踏踏实实地种地，各种活动我很少参加，还是脚踏实地地把产品做到极致，真正把产品质量安全做到位。"刘达朴实的话语中透露着对品质的重视和自信。辽宁清原基地的所有产品，每年都要经过国际著名检测机构——瑞士SGS对198项农残的安全检测，至今已经连续做了四年。

有机农业看起来很美，但真正操作起来仍有很多困难，仅成本一项就比现代种植方法高出50%以上。然而，额谷凭着对粮食品质和安全的执着坚守，以及类似于"前店后厂"式的自产自销，通过微商平台，让额谷粮食从田间地头直接到了餐桌。此举不仅提升了额谷的品牌效应，更吸引了一大批热衷生态有机农产品的新农人和忠实消费者。

玩法二：微电商连接田间和餐桌

随着移动互联网的蓬勃兴起，基于手机端的一种新型电商形式——微电商开始大行其道。可以说，微电商是一种移动社交电商模式。它是企业或者个人基于社会化媒体开店的新型电商，主要分为两种：基于微信公众号的微电商成为B2C微电商（额谷即为此类型），基于朋友圈开店的成为C2C微电商。微电商和淘宝一样，有天猫平台（B2C微商），也有淘宝集市（C2C微电商）。不同之处是微电商基于微信"连接一切"的能力，实现商品的社交分享、熟人推荐与朋友圈展示。

微电商最大的好处在于沉淀用户，实现分散的线上线下流量完全聚合。事实上，微信的原点是社交而非营销工具，这就决定了微电商比传统电商更能精准地找到用户群和大数据，从而有效提升服务质量和订单数量。

额谷一直以来都在充分发掘微信的营销价值，开设了微信公众号和微店。在互联网电商领域，额谷还在不断进行着优质新资源渠道的尝试。与叮叮掌上店铺、百姓特供网、巧手特特和悦食家等知名电商平台的合作，走的正是这样精准化的新渠道。以叮叮掌上店铺为例，它的运作模式与"微店"很相似，但是其最大的特色就是可以从微信、QQ、新浪微博、腾讯微博等众多社交工具上找到精准的客源。

作为微电商的一份子，额谷除了坚持产品的高品质，也坚守着商家应有的诚信和良心。在周围的微电商还在暴力刷屏的时候，额谷在用心地制作产品；当有的团队还在不断广招代理的时候，额谷在关注团队建设与搭建牢固的终端用户网络；当别人只专注于卖产品的时候，额谷开始注重客户体验，营造品牌效应。

实践证明，对于品牌的传播，自媒体是目前成本最低的渠道，但自媒体也仅仅是吸引眼球，很难做到信任。而在微电商时代，信任是核心，因为品牌符号是冷冰冰的，但品牌所有者却是活生生的。于是，刘达用自己的头像（见图9-3）为自己的粮食代言。

刘达跟朋友们开玩笑，自己现在不是卖产品，而是在"卖身"，卖"达哥"这张脸。敢于把个人头像当作商标来注册，正是出于对自己产品品质的绝对自信。坚持做良心农业，追寻老味道，是刘达和他的额谷团队的初衷和信念。

图9-3 刘达头像代言"达哥拯救老味道"

玩法三：讲好达哥拯救老味道的故事

有两种东西是价值最高的：一个是走在时间前面、超越想象的；一个是走在时间后面、越来越少的。前者如乔布斯的苹果，只能一直向前走，永远走在前面，一旦步伐慢了，价值立衰，所以，苹果要不断地推陈出新，出手表、造汽车；而后者，可以称之为"岁月的价值"，老物件、老习俗、老口味都会超值，这就是当下流行的怀旧风潮。

于是，额谷人开始大胆设想：如果把这两种基于时间前后的价值进行叠加，岂不是更具价值了吗？沿着这样的思路，他们开始了新的探索——拯救老味道，并用超前的工具和手段包装推广"老味道"。

（一）价值发现

生活中不是缺少美，而是缺少发现美的眼睛。同理，土坷垃里面也有黄金，关键是要有一双善于发现的慧眼。刘达在种了三年大米之后，在那片多山多水、素有"八山一水一分田"之称的东北丘陵地带，发现了"宝物"——东北黏大米、黏高粱、黏黄米。

这三款"黏字辈"的产品，在当地人眼里均属"粗粮系"，没人要、没人买、不爱种，几近绝迹。这一方面是因为老物种不能适应气候改变和耕作制度的变化，遭到自然法则的淘汰；另一方面则是由于老物种产量低，许多农民放弃了耕种，造成了老物种的流失。

以黏大米为例，平均亩产仅有300斤左右，远低于普通大米1000斤的亩产量，而且不抗倒伏、不抗病虫害、田间管理复杂，耕种成本较高；收获后由于壳厚，脱水时间长，普通大米需要1个月，而黏大米则需要2个月；此外，黏大米的出米率仅为55%，远低于普通大米77%的出米率。这些缺陷直接导致黏大米的经济效益低，农民也就慢慢放弃了对该品种的种植。

但是，这些"老物种"却承载着属于老一辈人的味觉记忆，并且有着极高的营养价值。比如黏大米，不仅口感好，还温补益气、健脾暖胃；黏高粱能够软化血管，降脂安神。而今，这些物种已濒临消亡。

于是，刘达发起了"拯救老味道"公益活动，希望通过此举吸引人们的注意来挽救老物种。他拿出了清原基地最好的水源地块，通过实际种植来拯救那些濒临灭绝的珍稀老味道。2013年，首批种植了100亩黏大米、30亩黏黄米和20亩黏高粱。2015年，黏大米种植面积扩大到350亩，黏黄米和黏高粱拓展到百余亩以上。额谷形成了全国第一个百亩以上连片种植的"黏字"系列原种老味道生产基地。

优质的产品自然得到市场的回报。果然如刘达所料，"黏字"系列产品，一经推出就受到消费者的热捧。产品既叫好又叫座，成为一款"让粉丝尖叫的产品"。

"黏字"系列成功之后，刘达继续寻找其他老味道。中国大地上原生态的东西很多，需要去发现和拯救。他希望有更多的人一起做，不要让那些老味道、老物种从此消失。他要把额谷变成一个"老味道"的大平台。

（二）价值定位

1.受众人群：定位是价值衡量的重要基础。就额谷粮食和"达哥拯救老味道"而言，受众人群主要是对生活品质有所追求、有经济实力的人群。他们崇尚自然健康，喜欢休闲运动，有文化追求，对口感比较挑剔。这类人群数量呈明显上升的趋势，对他们来讲，最重要的是要把产品真正做好。额谷以他们为基础，进行价值衡量和产品推广。现在来看，收效甚佳。

刘达和他的老味道团队并不满足现有成绩。他们将积极开拓85后年轻人市场，因为只有这个市场突破了，才能拥有美好的未来。进入这个市场是从中国孝老文化入手，因为年轻人对产品可能缺乏认同感，但他们的父母对老味道肯定有深刻的回忆。再有就是以"拯救老味道"的公益名义，让大学生群体及社会媒体广泛加入。最后就是开拓产品的其他功能及相关市场，如母婴市场、减肥市场。

2.价值提升：这是一个持续的过程，确保产品始终都有生命力。"三黏米"一开始的价值就是历史和口感，但后期经过营养专家的实证研究，陆续将降"三高"、减肥等功能发掘出来。玉米面市场也是如此，玉米面价值的基础是原种和古法耕种、纯天然山泉水灌溉，但除口感之外，为什么生活中要有玉米面呢？这就需要科学的解释。

宝宝吃米粉，这是大家共识的，市场上也很多。额谷粮食的竞争力首先是米粉的高品质和健康。其次，还添加了科学比例的玉米面。现在儿童肥胖现象严重，主要原因就是营养过剩。在过去营养匮乏的年代，没有给孩子吃玉米面的概念，但现在时代变了，食物需要粗细搭配，对小孩亦是如此。于是，额谷人提出了"给孩子一棒子""棒下出'笑'子"等宣传口号。

3.价值包装：包装是一个系统工程。从起名开始，一直到外包装和销售平台包装，全是学问。虽然是农产品，但也要包装出文化品位来。以往，很多从事农业的人卖不好东西，就是因为对农业是真懂，但对高端人群的品位是真不懂。所以，产业的创新需要跨界思维。

（三）价值推广

1.圈子效应：现在是一个圈子时代。小众人群的价值正在取代大众人群的价值。现在还有什么大众的东西是可以迅速赚钱的？答案是几乎没有。苹果就是做小众市场，取得大销售。由此可见，小众市场并不意味着人数少，而是具有排他性和圈子性。即使门口卖菜的大妈都在使用苹果手机，但这并不影响苹果手机还是具有高端品位。这说明，只要把圈子做好了，是可以产生大众消费的。

那么，刘达是怎样做圈子的？如前所述，只要有了受众人群的定位，自然就有了圈子。但要让这个圈子成型并不断稳固凝聚，仍需要大量的工作。线下，额谷经常举办各种活动，甚至打入其他相关圈子里去挖人；线上，微信语音栏目"达人达语"等手段，充分利用移动互联端，与消费者互动交流。

但是，仅靠简单的大米、玉米，圈子行动略显平面化。要想使其立体化，就要有其他的相关产品配合，比如老照片、老物件、其他农副产品等。这些东西看似不相干，但对圈子的品位来说，是高度一致的，都是这类人群喜欢的。

2.平台效应：平台是一个综合化的东西，并非仅仅是一个网站或者一个组织。平台的黏和性使其与更多的平台发生作用，其传播力是几何级数上升的，并且是不断分层的。

有人说，平台需要实实在在地产生效益，所以淘宝是平台，京东是平台。而刘达则认为："这种想法只能产生一个卖东西的商铺。我是生产者，我可以把东西做好，淘宝和京东只是我的销售工具。我要参与生产、管理、销售、售后和客户维护等全过程，进行系统设计和运营。所以，我是苹果，不是淘宝。"

这是一个思路的转换，也是未来的一个趋向。刘达发现，在他的受众圈子中，对淘宝或京东的依赖正逐渐缩减到电器、通信产品等几个种类。入口的东西和关系到生活健康的东西，基本都依赖圈子进行，因为这里有信任。尽管这样的人还不多，但毫无疑问这将是一个发展趋势。所以，像"老味道"这样的东西，不适合在淘宝、京东这样的平台上销售，卖多了反而会减损它的价值。相反，像特定的圈子平台，最适合这种有稀缺倾向的产品销售。

点评

在互联网时代，消费者由购买者向参与者转变的趋势越来越明显，他们愿意成为产品在功能、价值、文化等全方位的体验者，他们更希望成为产品在开发、设计、宣传等全过程的参与者。因此，农产品电商的玩法不简单，主要表现在：一是以实用价值为目的粗放式产品与服务，对互联网时代的消费者没有吸引力。二是产品必须是极致的、美观的、有趣的、人性化的，激发消费者分享的欲望。三是产品需更加重视设计和包装，服务更用心。产品是品牌化的人与消费者的对话。在这方面，"达哥拯救老味道"在农产品电子商务和农业微电商的探索中给我们诸多启示：

第一，需要价值调整。但凡那些越来越稀缺的老味道和老物种，一定有其之所以变得稀缺的原因。如果不进行改造，它们可能早就消失了，这就是价值调整。要正视客观存在的原因，并根据受众群体的品位来进行价值调整：有的需要进行工艺改良，有的需要进行价值重塑，有的需要重新构建营销体系。唯有如此，诸如老味道之类的东西才能重新焕发出生机活力。

第二，需要高品质和诚信。对高品质的农产品销售来说，诚信是非常重要的。确保有机产品的纯正性，确保营养价值的权威性，确保产品的高端和稀缺性，这方面的前期生产工作来不得半点虚假。赢得了消费者的信任，一个稳固的圈子才能形成。所以，"酒香不怕巷子深"这句古语在被某些策划专家抛弃数载之后，在当前消费需求日益分化的农产品电商时代，仍有其无可辩驳的存在基础。

第三，需要成长期。新生事物的培育离不开恒心和耐心。当其他公司在积极活跃地做营销时，额谷人正在生产基地中年复一年地潜心耕作，用远远超出普通农作物的时间去呵护，在风调雨顺的期盼中收获了真正的天然安全的有机食品。

第四，需要精准营销。为弥补生产和销售成本，高端农产品的价格自然不能与普通产品相提并论，受众人群数量也是有限。如何准确地把产品信息推送给他们，将是考验企业能否成功的关键一步。刘达选择了微电商这一利器，精确命中了目标圈子，取得了良好效果。

10 聚超网：
从生产商到零售店一站式服务平台

这是一个正在变化的世界，任何一次机遇的到来，都将经历四个阶段：看不见、看不起、看不懂、来不及。在这样的时代背景下，位于浙江省杭州市桐庐县的杭州云舍网络科技有限公司研发的聚超网平台，以互联网、移动互联网和物联网的高速发展为基础，独创了生产商与终端门店的P2R和零售店与消费者的O2O模式。聚超网及其创新的商业模式直接减少了从生产商到零售店的商品流转中间环节，为每一家便利店实现从厂商到零售商的一站式服务，还为广大零售店主提供了互联网及移动互联网的应用，为消费者创造了无数的"移动家庭超市"，使得零售店轻松实现了O2O。

一、聚超网商业模式的理念

传统日用商品到消费者手中要经过"生产商—地区代理商—批发商—社区店"这样的过程。经过代理商的层层叠加和利润的层层克扣，商品最终到达零售商手上时，价格已经比厂商成本价高了很多。传统的经销方式带给零售店的利润非常有限。尤其是小的城市社区店和农村夫妻店，它们缺乏有效的整合，由于自身出货量小，所以只能与三级甚至四级代理商合作，再加上大型超市的竞争挤压，它们的利润空间更是狭小。同时，利润的减少也增加了零售店贩卖假货获利的风险，使得消费者不能安心消费。对于生产商而言，为销售需要而诞生的多级代理体系难以得到有效管理，这就导致了各级代理商之间恶性竞争，市场价格更加难以掌控。

为此，聚超网独创了P2R模式（见图10-1），即生产商到零售店的一站式免费信息服务，直接减少了从生产商到零售店的商品流转中间环节。聚超网有自己的供应链管理团队，负责联系生产厂商和省级代理，打通质优价廉的供货渠道。聚超网为每一家便利店实现了厂商到零售商的一站式服务，将原本复杂的经营模式化繁为简，搭建起生产商与零售店间的沟通平台。聚超网还为生产厂商提供免费的供应商管理系统，提供免费入驻、免仓储管理费、免中间物流费、免推广费、免培训指导费等多项优惠，助力生产厂商企业发展。同时，不管是城市大型超市、社区便利店，还是乡村小卖店，聚超网都为零售商提供免费的商务网站、免费的操作系统升级、免费的管理系统升级、免费的配送商品服务、免费的培训指导、免费的宣传推广、统一的装修门头等多项服务，真正做到让利于零售店，保证加盟店健康持续发展。

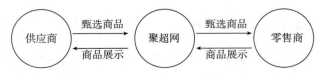

图 10-1　P2R模式——让生产商与终端门店面对面

二、发挥移动互联网应用技术，让零售店轻松实现O2O

聚超网为加盟零售店提供互联网及移动互联网的多项应用，通过这些应用的普及，为零售店的互联网转型提供帮助（见图10-2）。在为消费者打造"移动家庭超市"的同时，也使得零售店轻松实现了O2O。消费者以聚超网平台为入口或通过下载聚超网手机APP应用，就可以实时、准确地了解到周围一定范围内所有聚超网加盟店的在售商品和价格，通过比价、挑选之后下单，邻近的零售店就会在30分钟内送货上门。消费者足不出户，就能在第一时间享受到最专业、最快乐、最便捷、最实惠的购物新体验，真正做到了在家也能轻松逛超市购物。

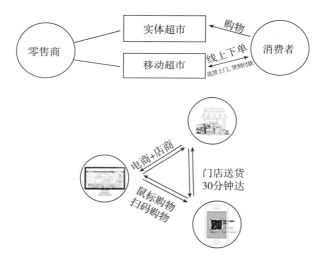

图 10-2 零售店的O2O模式

三、整合农村便利店，抢滩农村市场

相对于城市电子商务，农村电子商务还处于起步阶段，农村居民对电商接触程度还不高，特别是物流还远远没有解决"最后一公里"的问题，这是困扰众多互联网公司发展农村电子商务的重大难题。因此，如果盲目将城市电商的发展模式套用在农村市场，将会遭遇水土不服，比如仅仅是普及农民学会网上购物的高昂成本就会让许多企业难以为继。

为解决这一问题，聚超网通过与全国供销社系统合作，通过互联网配合密集的乡村连锁网点和便利店，以数字化、信息化手段，采用集约化管理、市场化运作和成体系的跨区域跨行业联合，构筑了紧凑有序的商业联合体，降低了农村商业成本（尤其是配送成本），扩大了农村商业领域，使商家获得新的利润增长点，使农民成为平台的最大获利者。聚超网以辐射周边的众多农村便利店为载体，通过为每一家便利店搭建网上订货、销售平台，还可以让农产品轻松上架销售。一旦各家小店的网上平台搭建起来了，随之而来的就是广告效益。

同时，聚超网在每个县建立的"智慧物流"商品配送系统，还能够有效解决农村"物流最后一公里"的问题，为"工业品下乡、农产品进城"提供便捷通道。这不仅提升了农村便利店的利润，也为农村经济发展和服务农民生活作出了巨大贡献。聚超网还建立了农产品回溯体系，每一件从聚超网销售的农产品，都能追溯到生产地和生产者，从源头上做到了让消费者放心。

四、部署农村互联网金融，P2P助力小微企业发展

以往，大多数金融机构不愿意去农村布设网点，这是因为农村居住密度低、网点成本高、金融业务量不够等因素很容易导致这些网点入不敷出。所以，近几年农村金融机构的网点一直在收缩。部分地区的农民要存钱汇款，还得专程去趟县城，十分不便。在贷款方面，农民往往没有抵押物或担保人。面对这些硬伤，银行很难放心把钱借给农民。但是，农民在生产生活方面又有非常强烈的借款需求，这就直接导致了广泛存在但又极其不规范的民间高息借贷。长此以往，很容易形成恶性循环：农民存贷汇的需求越是得不到满足，与金融机构之间的联系就越少，这样他们就更难留下身份家庭

信息和消费信贷记录。当前，数量非常多的农民在央行征信系统内仍是一片空白。这样一来，金融机构就更加不能甄别他们的信用情况，无法提供借贷服务，双方只能渐行渐远。因此，在农村无法获得稳定收益的金融机构，对于农村业务难免意兴阑珊，更遑论设计真正贴合"三农"的支付服务和金融产品。

聚超网用互联网的形式突破了金融机构网点的制约，与农村用户建立起紧密联系，以P2P形式发展农村互联网金融，为农村金融的发展提供了风口。很多无法接触互联网、移动互联网的农民，都可以通过聚超网在农村的广大零售网点直接完成存取汇贷业务，真正做到了方便快捷和接地气。聚超网还通过农民销售农产品等记录资料，建立农村信用体系，确保金融服务更加安全、放心。

五、大数据分析及云服务——拉动合作伙伴业绩发展

说起开店选址，大家脑海里浮现出来的十有八九是风水先生们拿着罗盘走来走去的画面。但是在互联网时代，商家们紧跟时代步伐，看"风水"只需用大数据即可。简单来说，就是基于搜索数据来推断哪些地方的用户对服务和商品有较大的需求，相当于根据需求的密集程度来选址。聚超网为加盟零售店提供免费的销售管理系统及大数据分析业务，通过销售管理系统和大数据分析平台，能够帮助零售店直观地了解业绩经营状况和潜在的商品需求等，使零售店能准确定位目标客户及目标商品，不需要再为进什么货烦恼，在减少零售店主压力的同时提升了销售业绩。除此之外，聚超网还与腾讯公司合作，为生产厂家和零售店提供云服务，运用云计算、虚拟化等信息技术，为生产厂家及零售店建立私有云，将各类销售报表、店家信息、消费者习惯等数据，安全准确地记录在私有云上，

并推送给各个生产商及零售商。通过云计算技术，聚超网实现了生产商和零售商、零售商和消费者之间的云对接，促进双方发展，实现多方共赢。

六、聚超网模式的商业价值

聚超网模式是一种基于互联网的商业模式创新，其最主要的意义在于能够通过减少商品销售的中间环节，打造更便捷的消费环境，从而带动不断增长的网络流量。

聚超网独特的P2R模式从根本上杜绝假货，促进消费市场公平公开公正。聚超网实现了从生产厂家到终端零售店的一站式服务。一方面，各级厂商的销售渠道都经过聚超网总部专业部门的严格把控和审核甄选，并且做到信息公开透明，有效杜绝由于厂商信息不对称产生的假货问题。另一方面，聚超网通过缩短终端零售店进货的中间环节，让利给终端零售店，提升了零售店销售利润，同时制定严格的奖惩措施。一旦发现加盟店贩卖假货，就会从严从重处罚，这就杜绝了聚超网系统内零售店贩卖假货的可能。

聚超网整合智慧物流和大数据应用的销售体系，以及即将开展的农产品预售活动，有效提升了农产品销量，为农民打通了一条农产品进入市场的快速通道。聚超网打造的农产品追溯体系，为绿色农产品贴上身份标签，让广大消费者放心消费，增进了消费者对农产品的信任感，确保了农产品快速、及时、有效的对外销售。

聚超网在互联网领域拥有优秀的管理团队、一流的技术研发和运营团队，但是"P2R+O2O"模式的实现必须以线上线下相结合、形成共振为前提，这样才能达到快速化、规模化、效益化的效果。一直以来，由于缺乏行之有效的商业模式创新，单纯依靠自身的力量，供销社系统在市场经济中很难把握主动地位，大量的社有资产没有完全发挥出应有的效能。自2015年年初以来，在与供销社系统的合作中，比如安徽省蚌埠市、河南省汤阴县和江西省南丰县等十几个地区的供销社，聚超网采取了控股、参股、输出技术平台等灵活多样的合作方式，还获得了当地政府的大力支持。聚超网和供销社两方的资源得到了优势互补。一方面，聚超网在互联网领域的技术优势、运营经验及先进的商业模式能有效补充供销社系统的不足与缺陷，盘活升级社有资产；另一方面，供销社系统完善的基层农村经营服务体系能强有力地支持聚超网线下发展，最终达到双方共赢的目的。

点评

传统连锁商业企业拥有遍及城乡的经营服务网点及连锁门店。如何应对电子商务的冲击，对连锁门店实施升级改造，成为众多连锁企业必须面对的重大课题。聚超网创新推出了P2R与O2O完美结合的商业模式，实现从生产商到零售商的一站式经营服务体系，为连锁门店整体改造提供了有效的解决方案。其中有几个亮点值得关注：

一、供应链再造是门店电商平台建设的核心商业模式。连锁门店管理的主要问题是货源保障，特别是农村门店，在进货渠道、成本、质量、品类等方面都有极大的再造空间。聚超网推出的P2R系统，正是从货源采购到门店销售的供应链全程管理系统，最终形成了从生产商到零售商再到消费者"三位一体"的共赢格局。

二、数据共享是门店电商改造的关键环节。门店改造的难点不在数据集合、云计算等技术障碍，而在"分享"二字。聚超网打造的大数据云商平台，是一个全开放的资源共享平台，在这个平台上，供应商可以实时分析门店商品的销售情况，配送商能够动态掌握在途货物的线路，连锁门店能够便利地了解消费者的购买行为。因此，只有数据真正实现共享，P2R体系才能发挥最大效率。

三、配套服务是门店运营不可或缺的管理支撑。供应链再造与数据共享只是连锁门店改造成功的一半，精细化服务和有效的指导才能保证门店的正常运营。聚超网通过大数据分析帮小店选址、发展农村互联网金融、构建智慧物流配送系统、建立农产品回溯体系等措施，无不是开展配套服务的具体体现。

11 沱沱工社：
体验生鲜电商的精致生活

在传统零售业，有"得生鲜者得天下"的说法。沱沱工社是中国最大的垂直生鲜电商平台，同时也是全国第一家专注于有机食品的电子商务公司。沱沱工社整合了生鲜农产品的生产、加工、B2C网络销售等各个环节，将"新鲜日配"的梦想率先变成现实。

沱沱工社秉承"传递有机、天然、高品质生活"理念，利用自主开发的B2C网站销售平台、移动端销售平台和微商、京东、天猫等多渠道销售平台，为消费者供应有机蔬菜、新鲜水果、海鲜水产、进口肉禽、粮油干货、母婴营养食品、生活必需品等16个大类约4000种商品，将传统超市中不愿提供的"长尾产品"及时、新鲜地配送到家，满足了北京、上海等一线城市白领人群冰箱与厨房的一切需求以及二三线城市高端人群对进口商品和高品质商品的需求。

一、市场细分——体验一种生活态度

沱沱工社推崇的是一种有机的生活方式，因此它兜售的不仅是产品，还是一种生活态度。它把自己的品牌理念贯彻到了符号体系中，传达出了自己的差异性。符号体系的构建从命名就开始了，"沱沱"指的是沱沱河，沱沱河是长江的正源，它代表高品质——本源、纯净、安全。"工社"，代表世代相传的手工农业，呼吁

回归农业生产的原始状态。沱沱工社希望建立一个消费者、生产商、服务商既相互信任又相互制约的食品安全社区。沱沱工社官网首页上的广告语是"沱沱工社——有机、天然、高品质",水果礼盒包装上的广告语为"全国最大有机食品网上超市,吃有机,更安全",进口水果礼盒上的广告语为"有机美味,新鲜到家"。为了确立"亲和力"和"纯真"的整体形象,体现有机食品和绿色、环保、轻松、自然、健康、美味、原生态等特点,LOGO选用"嫩芽"的形象,体现了田园、耕作等传统食物生产过程和有机食品的特点。

沱沱工社自营的有机农场,种植时令蔬菜、瓜果,并散养土鸡、土猪等牲畜。农场生产的有机食品,培育了消费者的信任感和好感,树立起"小规模而优质农场"的品牌形象,成为沱沱工社开展线下体验活动的基地,也保证了沱沱工社在有机农业领域内的领导者、专家的地位。自营农场的用意是希望提供可掌控的健康食物,但缺陷是无法满足消费者更加丰富的口味需求。根据经验测算,1000亩地如果全部利用起来,生产出的产品也仅仅满足2000户家庭的消费,显然市场是有限的。为此,沱沱工社与全国各地的有机农场合作,在沱沱工社的平台上售卖其他农场的产品。

二、有机农场——体验精细的生活方式

沱沱工社在北京市平谷区马昌营镇马昌营村投资建设了1050亩的自营有机农场,拥有约80人的管理团队和有机种植专业技术团队,获得了中国有机认证、欧盟有机认证和供港蔬菜资格认证。该有机农场是原生态、无污染、生态循环的农业基地,建设了132个有机蔬菜大棚和上千亩户外有机种植基地,有100余种蔬菜水果品类,还自建了猪舍和鸡舍,按照有机喂养方法养殖了200余头纯种黑猪和约8000只鸡,并且建立了有机采摘和餐饮接待中心。沱沱工社的有机农场不仅能为消

费者提供优质、放心的有机蔬菜，还是市民体验田园生活、追寻儿时记忆的休闲场所（见图11–1）。

图11–1　市民采摘活动

沱沱工社以自营农场为基地开展线下体验活动。沱沱农场有百余种蔬菜可供采摘，同时提供餐饮接待，让消费者亲身体验沱沱农场的高品质有机果蔬。2014年6月，沱沱工社开展了"全透明，明星田"活动，邀请知名情感女作家苏芩成为"明星田"首位认领名人，以此希望更多的消费者能够参与到监督和体验的过程中来。同年夏天，沱沱工社率先提出订单进写字楼的活动，策划一起"承包整栋楼"的活动，将北京市六环内大型商圈写字楼的地址提前进行系统录入。当用户登录活动页面后，即可通过找到自己所在楼宇报名参加活动，并且将活动分享给同楼用户，当同楼用户数量达到一定报名上线时，整栋楼的用户都可以享受大额优惠。通过这样的方式，沱沱工社迅速吸引楼宇用户下单购物，日订单达到上万单。

三、以销定产——体验从田间到餐桌的安全

沱沱工社采用了"以销定产"的生产模式，即大数据分析，让一切可接触到的生鲜农产品数据都参与到制订生产计划中来。数

据来源包括三方面：一是会员历史购物行为；二是网民在互联网上的购物行为及其显现出的行业发展趋势；三是农场的种植能力。通过大数据分析来指导生产和对储存、加工、运输过程中的供应链控制，以及对生产、储存、运输和销售等部门重新设计KPI考核，沱沱工社的农产品损耗率仅为5%，远远低于业内30%的平均水平。

沱沱工社通过实时监控技术，把植物的生长数据，比如水分、土壤、有机农药残留量等，实时传回公司总部的农产品生鲜电商ERP系统中，再通过ERP系统将这些数据展现给消费者。当消费者购买了有机农产品后，只需扫描包装上的二维码就可以查询到该批次农产品的生长环境数据。沱沱工社还利用自有的标准化加工包装车间，给农产品都贴上了有机认证标识。消费者通过有机认证号码就可以查到农产品的有机认证情况和监管部门的抽查情况。沱沱工社做到了"从农田播种到蔬果上桌"的每一个细节都有可追溯记录，确保了消费者食用的每颗蔬果都是有机的、天然的和安全的。

为给消费者提供最满意的服务，沱沱工社经过七年运营，培养了一批专业的处理生鲜电商各类问题的客服人员，拥有一支全年无休的客户服务团队——沱沱客服。沱沱工社授予一线客服人员直接解决问题的权力，做到了所有问题均在投诉接到后的半小时内予以回复，在10小时内予以解决或赔偿。沱沱工社还研发了适合生鲜电商的内部客服工单系统和机器人数据积累系统，用于对客户消费习惯进行大数据分析。依托在生鲜电商行业中的长久信誉和卓越细致的客户服务，沱沱工社已积累了50余万会员。

四、新鲜日配——体验什么是真正的生鲜

最美水果，当属榴莲。但人们不知道的是，榴莲有上百个品种，多分布在泰国和马来西亚。有人曾将两地榴莲的滋味做过对

比，结果马来西亚榴莲以压倒性的优势胜出。可二者同时步入市场，货架上却是泰国品种居多。众所周知，熟了的榴莲才能带来最佳口感，为此泰国榴莲们通常被早早摘下、放置十多天等待成熟，这一期间正好用来运输到国内外。问题是，放熟的果子无论如何赶不上自然熟的滋味，瓜熟蒂落、只能保存两三天的极品马来西亚榴莲由于储藏运输的难度，无法"走太远的路"。其中，最珍稀同时最受好评的是"猫山王"，为了吃它，不少榴莲控不惜专程飞去马来西亚。它颜色以橙黄为主，色泽均匀艳丽，十分诱人。为此，沱沱工社在零下35度的情况下速冻两个小时，最大限度保持了口感，并且在运输过程中实现32个城市的全冷链覆盖，保证了原汁原味。虽然价格贵了一些，但体验者络绎不绝。

为了真正实现"新鲜日配"的目标，沱沱工社于2009年投入了4000余万在北京市顺义区自建了集标准库、冷藏库、冷冻库、蔬果加工车间于一体的生鲜农产品仓储和加工基地，占地约5000平方米。在基地中，除对自产的食品进行储藏加工外，沱沱工社还甄选汇集了全国各地和国外的高品质安全食品，涵盖了蔬菜、水果、粮食、油类、肉禽蛋奶、海鲜水产、干货调料、加工食品等上万种商品。沱沱工社还设立了品控质检部门，对自营农场供应的和商品团队采购的每一批次农产品都要做快速农残检测，以保证农产品的安全质量。沱沱冷链物流拥有一支专业的配送队伍和数辆冷藏冷冻车（见图11-2和图11-3），可以保证消费者当日下单、次日约定时间收货的配送服务。根据客户的分布情况，沱沱冷链物流在北京市区建立了3个UDC分拨中心和30多个SDC配送中转站。沱沱工社还自主研发了TLT全程温度监控系统和查询系统，消费者下单后，可以随时查询订单的在途情况，比如商品的位置和实时温度。在北京，沱沱冷链物流已覆盖到六环以内，能够确保在新鲜食品采摘的当日送达消费者手中。北京地区以外的生鲜业务则选择与第三方物流合作，全程实行冷链配送。

图11-2　沱沱冷链物流配送大车

图11-3　沱沱冷链物流配送小车

五、联合农场——体验严苛标准下的商业文化

随着市场越做越大，沱沱工社开始逐渐缩减自营农场的产品品类，从国外采购和全国各地的有机农场（沱沱工社将其定义为联合农场）直供多种有机商品，比如山东青岛的小麦基地、辽宁大连的蓝莓基地、内蒙古的肉鸡养殖基地等。中国的很多有机农场正面临着客户匮乏的窘境，沱沱工社与联合农场的合作正好实现了优势互

补。联合农场的农产品质量经过了严格的有机检测。沱沱工社与联合农场的合作是监管辅导式订单生产。联合农场的农产品要与自营农场一样，接受公司总部品控质检部门的监管和质量抽检，以确保联合农场按照沱沱工社的品质标准提供农产品。目前沱沱工社拥有北京自营农场和全国各地9个联合农场。在沱沱工社主营商品中，自营农场、联合农场和进口食品的比例大约是2∶4∶4。为确保农产品的高品质标准，沱沱工社还对采购联合农场的农产品制定了六条原则：

1.环境原则：选择无污染的种养环境，是保证安全的根本；

2.原产地原则：根据产品特性，从最适合此产品种养的产地采购；

3.规模原则：小规模农庄是品质之源；

4.价值观原则：尽可能与具有"不求规模最大，但求品质最好"经营理念的生产商合作；

5.透明原则：要求供应商向公司和消费者展示所有与种养安全有关的信息，并接受消费者的监督；

6.有机原则：首选有机食品，其次天然食品，再次高品质食品。

点评

沱沱工社以有机农产品为主打产品，以高端消费者为细分群体，通过有机农场、自销B2C平台和自建物流，创建了一条从生产到销售的有机生态产业链。产地直供解决了农产品透明生产和安全控制的问题，自建冷链配送服务则解决了用户"最后一公里服务"的需求，占领了产业制高点。沱沱工社值得总结的经验很多，但是，我们从体验经济与电子商务融合的角度，分析沱沱工社可供借鉴的亮点。

一、体验经济是电子商务经济体系的重要组成部分。早在多年前，《哈佛商业评论》曾经断言，继产品经济与服务经济之后，体验经济时代已经来临。所谓体验，就是企业以服务为舞台、以商品为道具，环绕着消费者，创造出值得消费者回忆的活动。互联网技术的出现，让体验这个特殊的产品能够在更大的舞台上、更广阔的创意空间里施展魅力。正因为如此，沱沱工社跳出了卖产品的思维定式，将安全、有机、精细等体验变成了可以消费的产品，变成了一种生活方式。

二、电子商务下的体验消费一定是精准的。我们消费大白菜，注重的可能是外形、口感、加工的方法等功能性需求。但是，消费体验产品的过程却在消费一种感觉、一次回忆、一段情感。常言道，物以类聚，人以群分。因此，体验产品的市场定位一定是小众的，是长尾理论谈到的细碎化需求，通过电子商务集聚，就形成了巨大的体验消费市场。沱沱工社做有机农产品，而且是中高端农产品，比如进口肉类，还有产地直供的水果，无疑是一个非常小众的市场。同样一个农产品，在沱沱工社就可以卖出更高的价格，而且还卖得更好。因为沱沱工社卖的不是产品，卖的是产品里面最高品质的体验。

三、体验产品的生产过程就是体验者的消费过程。在体验经济下，商品只是道具，体验从一开始就是有主题的消费过程。过去，各种主题的设计、生产、实施难度很大，但在互联网平台下，技术障碍已经没有了。因此，我们看到，在各种主题的分享、交流、互动下，体验消费在网上大行其道，消费者真正参与到了体验产品的发现、挖掘、设计、包装和消费中，并愿意为此买单。沱沱工社充分抓住了体验的特点，并将有机、安全等元素有效融入到农产品道具中。如，有机农场成为市民体验田园生活的好去处；新鲜日配让消费者品尝到"山猫王"榴莲，追寻到记忆中的东南亚小情调。总之，体验是需要情景设计的。体验消费的即兴性决定了体验产品的生产是一项创造性的工作。

12 遵义馆：
第三方平台引爆红区特产经济

　　遵义市地处中国西南腹地，北依大娄山，南临乌江，是西南地区连接东西、通江达海的重要交通枢纽，属于国家规划的长江中上游综合开发和黔中产业带建设的主要区域。1935年，中国共产党在这里召开了著名的"遵义会议"，遵义由此名满天下。遵义地区经济优势明显，且特色农产品资源丰富，粮食产量大致占全省总量的四分之一，素有"黔北粮仓"之称。

　　遵义地区农村电子商务发展处于萌芽阶段。品牌优势不突出、龙头企业不强、市场优势不明显，成为困扰农产品电子商务发展的大问题。合作社和种植基地对如何利用网络销售很陌生，一些创业者虽然网上开店，但不懂得如何包装、营销，很难把具有地方特色的农产品做大、做强、做优。为开拓遵义地区农村电子商务市场，提升"红色遵义·革命圣地"整体品牌形象，遵义市供销社借助著名的电子商务第三方平台——淘宝网特色中国·遵义馆，短短几个月的时间，引爆了红区特产经济。

图12-1　特色中国·遵义馆首页宣传图片

一、聚集优势谈判筹码，对接第三方平台

遵义市供销社于2015年3月19日组建遵义供销电子商务有限公司。经过反复考察，最终决定引入第三方平台，与具有品牌和渠道优势的阿里巴巴合作，共同搭建线上线下遵义农特产品销售体系。但是，与第三方平台合作是需要有筹码的。为了在谈判中获取更多的话语权，占有优势地位，遵义市供销社做足了功课。

首先，从规划上强化红区特产经济的战略价值。遵义市农产品种类丰富，产量和质量区域优势明显，具有发展农业电商的基础条件。遵义市是贵州省的"名烟名酒名茶"基地，国酒茅台、习酒、董酒驰名中外。遵义市各种农产品占贵州省的比重大致是：粮食25%、茶叶30%、肉类30%、蚕桑30%；遵义烟叶质量优良，是全国四大优质烟区之一；毛竹为全国七大产区之一，楠竹、杜仲、棕片多年来产量居全省之首；乌桕籽占全省五分之三；五倍子占全省二分之一；油桐籽占全省三分之一；竹笋、蘑菇、木耳均为贵州省内主产区。另外，遵义还盛产名贵中药材，其中杜仲、黄连、天麻、黄柏、吴萸为贵州五大著名药材。

其次，好产品需要精心组织才能形成品牌合力。为此，遵义市供销社召开"遵义市农特产品电子商务工作推进会"，深入各县（区、市）开展"寻宝"活动，发掘遵义优质特产，先后与余庆、湄潭、习水、务川、正安、凤冈县供销社和遵义市农资集团以及茅台集团、习酒公司、兰馨茶叶等120余家特产龙头企业签署了合作协议，整合了1200余种优质农特商品。针对特色农产品、生鲜蔬菜瓜果等产品，遵义市供销社与本地特色农产品生产企业合作，建设多个特色农产品体验基地，整合基地资源和产品资源，并建立和完善产品信息溯源体系及绿色认证。这些举措为引入第三方平台打下了坚实的谈判基础。

最后，为完善发展电子商务的支持系统，遵义市供销社与圆通、顺丰、邮政等快递公司签署合作协议，建立物流体系；与建设银行、兴业银行签署合作协议，建立支付系统。这一系列的举措大大增强了与第三方电商平台合作开馆的有力筹码。通过市政府授权，遵义供销电子商务有限公司参与阿里巴巴集团竞争性谈判，最终获得了"遵义馆"的运营许可权。

二、延伸孵化服务功能，为第三方平台提供资金和人才支撑

人才和资金是制约农村电商发展的两大短板，为此，遵义市供销社的一个重要任务是要为电商人才营造一个良好的创业环境与创业舞台。针对遵义本地农特产品企业电子商务人才缺乏的状况，遵义市供销社在遵义市农特产品线下体验商场配套建设网商创业孵化园。孵化园以支持大学生实训及就业，辅助社会个体及小微网商，帮助传统企业转战电子商务为己任，借助遵义市供销电子商务公司的技术和资源优势，倾力打造电商人才孵化与网商创业孵化的平台。该平台对接淘宝大学、国内高校等智力资源，引进优秀师资和成功网商，增进经验互动交流。在资金投入方面积极争取银行、遵义市社员股金服务有限公司等金融机构和企业支持，借助"青年创业小额贷款"等优惠项目，在贷款额度、利率优惠等方面为青年网商争取更大政策支持。通过培训指导，遵义市供销社拟孵化农产品小电商50家，入驻供销网商创业孵化园20家。此项举措得到了遵义市政府相关部门的支持，网商孵化园先后被多个部门授予荣誉称号：遵义市科技局授予"市级众创空间"，致公党遵义市工委授予"遵义致公助力圆梦社会服务基地"，共青团遵义市委授予"青年创业示范基地"，人社局授予"农村电商创业培训中心"培训资质等。

图12-2　遵义市供销社与中国邮政集团公司遵义分公司签署战略合作协议

图12-3　遵义农特产品电子商务工作推进会

三、线上线下同步发力，第三方平台引爆特产经济

发展电子商务，除了扎扎实实地练好基本功以外，宣传推广也是必不可少的。遵义馆的建设经过前期的策划、筹备，一切都已就绪。万事俱备，只欠东风。但光靠等东风是不行的，还需要借东风、营造东风，就是要千方百计地开展系列宣传造势活动。总体思路是要借助各类媒体平台，主要是新媒体，抓好宣传、不断造势，开展O2O线上线下互动营销，推动销售和推进品牌和知名度建设。

1.举办节会活动。在"2015中国·贵州·遵义国际茶文化节暨茶产业博览会"期间，遵义市供销社运用自身互联网资源和网络运营团队，从线上对茶博会进行全方位报道和宣传推介，组织了"百企联合送茶香"等活动，提升了遵义市茶产品网上销售额，扩大了业内影响力。同时举办淘宝遵义购物狂欢节、"遵义馆"线下开馆新闻媒体发布会、"遵义馆"线下开馆暨农特产品电子商务发展高峰论坛和互联网+茶产业发展高峰论坛等"一节三会"活动,推动各种农特产品网上销售。在2015年端午节,遵义供销电子商务公司与拥有6000多义工的遵义市义工联合会共同发起了端午节网络爱心义卖活动,当日筹集3000元爱心基金;还借助特色中国遵义馆平台积极参加淘宝大型活动,配合"特色中国"把遵义的优质特产逐步推向世界。

2.强化媒体宣传。在《遵义日报》《遵义晚报》和遵义广播电视台等传统媒体及百度、新华网、微信平台等新媒体进行广泛宣传报道,提高了遵义市供销社和遵义馆的知名度,获得了广大企业和顾客的高度认同,进一步拓展了网销市场。

3.多平台销售推广。除了在淘宝网、邮乐网等网站搭建销售平台外,还独立开发了"寻味遵义"特产销售平台,建设了有赞微信端分销系统,建设了占地2000平方米的线下体验商场。与各县展销中心和遵义特产上海展销中心等销售网点合作,进行拓展推广。

"淘宝·遵义馆"开馆后仅用了十天时间,网上浏览量超过300万人次,成交15万笔,销售额突破600万元,同时还与广东、上海及本地的农特产品经销企业达成了超过2700万元的销售协议。

四、市县一体化联动,构建第三方平台销售服务体系

很多农产品在第三方平台上开设地方特色馆时仅仅开设单馆,效果不够突出,网站流量不大,销售业绩平平。有鉴于此,遵义市供销社采取市县联动的方式,带动各县级社积极参与到电子商务发展中来,共同推进全市电子商务工作。市级供销社根据实际情况进行分类指导,形成了"余庆模式""习水模式""湄潭模式""正安模式""务川模式"等多种县域电商发展方式:

1."余庆模式"：以"电商产业园+淘宝特色中国·余庆馆+实体馆"为建设重点，政府政策扶持到位，与阿里巴巴进行战略合作，多产品线上线下同步销售，依靠平台、网商、传统产业、政府的有效互动，构建了新型的县域电子商务生态圈；

2."习水模式"：以"村淘+特色产品"为发展重点，与阿里巴巴建立战略合作关系，大力推进农村电商便民服务点建设，同步抓好"岩蜂蜜""习酒"等特色产品网上销售；

3."正安模式"：由县委书记、县长亲自挂帅电商工作领导小组组长，以供销社为牵头单位，把"电商产业园"作为突破口，政府出资完善硬件设施，包括四栋电商大楼基础建设及内部办公配套设备设施，电商企业拎包入驻，实现了电商产业从"0"到"1"的快速突破；

4."湄潭模式"：以"线上线下+茶产业"为着力点，以湄潭茶产业为依托，重点推介销售茶叶，实现茶产业单品突破。

目前，遵义市已开工建设六个县级实体体验馆，在全市各乡镇建设了十余个电子商务服务站，对三十余个农资经营网点进行了信息化改造升级。

五、建设线下配套工程，推动线上线下融合共进

发展电子商务，需有线下实体配套工程作为支撑，否则便会成为无源之水、无本之木，不可持久。遵义馆的建设模式也是按照线上线下同步进行，两者相辅相成。通过短时间的艰苦奋战，遵义馆的电商配套工程已经初具规模。

（一）建设"淘宝·遵义供销"特色农产品实体商城

基于O2O模式，以"多功能、低成本、新技术"为特色，在遵义本地建设一座"淘宝·遵义供销"特色农产品商城。该商场与

"特色中国·遵义馆"相呼应，作为入驻商家的办公场所和线下体验店的集聚地，主要提供形象展示、服务体验、商品零售、产品展销、旅游接待、休闲娱乐、电商培训、金融合作、到货提取、送货上门、售后以及其他综合增值服务，力争打造一个全新的城市互联网特色农产品商城。

图12-4 "淘宝·遵义供销"特色农产品商城落成典礼

（二）打造O2O体验旗舰店和仓储配送中心

遵义供销电子商务有限公司将在遵义各县以及北京、上海、广州等全国主要城市建立体验馆，还将深入农村实施电子商务进农村和信息化改造工作，通过O2O互动运营模式，逐步建设遵义名优农副土特产的现代流通网络。

（三）建立"N个乡村服务点"

根据遵义市电商规划思路，遵义市供销社将结合基层供销社的改造重组工作，赋予供销社综合服务社电子商务的新职能，建设多个乡村服务点。乡村服务点以开展本地特色农产品的线上和线下销售、为农村居民提供网络代购服务为主营业务，主要针对传统农特产品销售渠道单一、品牌意识缺乏、不具备开展网上销售能力等问题，通过挖掘优质潜力商品，根据潜力商品的特性，提炼卖点，并依托淘宝特色中国·遵义馆进行线上销售。具体实施方案如下：

1.在遵义市、县两级供销社建立14个电子商务综合服务中心、电子商务公司和基于O2O模式的"特色中国·地方馆"；

2.各乡镇基层供销社，融合专业合作社、家庭农场、农业大户和农业企业，建设225个农村电子商务孵化园（物流园）+创客中心（乡镇全覆盖）；

3.在全市整合供销社网点资源，通过自建、联合发展等方式信息化改造1680个农村电商综合服务站（行政村全覆盖），其中示范点200个；

4.支持农村青年利用电子商务创新创业，以返乡大学毕业生、大学生村官、农村致富带头人、返乡创业人员和个体经营户为重点，培养和培训农村电子商务创业人员、应用技术人才1万人。

 点评

目前，通过第三方平台，采取网上开馆的方式，推动地方特色农产品网上销售和品牌建设，是许多县级供销社和创业者通行的做法。不过，同样是网上开馆，境界却大相径庭。遵义市供销社不是简单地登陆第三方平台开馆叫卖，而是利用遵义馆建设的契机，采取各种措施构建线上线下农产品销售服务体系，进而引爆地方特产经济，其值得借鉴的做法有以下几个方面。

一、产品是网上开馆永续经营的核心要素。农产品电子商务不是简单地把线下产品直接搬到线上就能成功的。相反，电子商务平台对农产品的选择要求很苛刻。遵义馆能在短时间内打造出"爆款"，与其不遗余力地围绕"红区特色"做文章有密切关系。从案例中我们发现，遵义馆的"特色"牌打出了新商业时代碎片化营销的思路和技巧，把握住了互联网经济小众产品消费的本质，释放了区域特色经济效应的最大化价值。

二、线下的付出成就线上的光鲜。许多创业者羡慕开馆带来的流量倍增和"爆款"，认为产品上线就万事大吉。遵义馆并没有落入开馆的思维陷阱，而是在产品组织、线上线下推广、物流配送、人才培养等方面做足功课，构建起农产品综合销售服务平台，进而成就了红区特产经济与互联网经济的有效对接。

三、遵义馆的案例还告诉我们，红区经济可以是地方性的，但平台经济必须是开放的。遵义市供销社在起步阶段，放下身段厘清资源禀赋，确定引入第三方平台的电商发展思路，而不是好大喜功地自建平台，体现了遵义人在探索特色与平台融合进程中的开放理念。上下联动、整合地方特产的诸多模式，反映了遵义人合作共赢的发展智慧。

13 蟹库网：
产业电商的探路者

　　兴化市位于江苏省中部，里下河腹地，属长江三角洲经济圈，是全国著名的商品粮、水产品生产与集散基地，年产粮食142万吨，油料3.8万吨，生猪60万头，家禽1800多万只，蛋品近5万吨，淡水产品总量30万吨，是著名的鱼米之乡。兴化市设有34个乡镇，一个省级经济开发区，613个行政村，总面积2393平方公里，总人口157万。2014年实现地区生产总值650亿元，公共财政收入38亿元，连续多年跻身全国百强。兴化境内河网密布，"三分天下、水有其一"，以兴化大闸蟹为代表的特色水产品是兴化农副产品的一张靓丽名片。伴随着互联网的崛起和网络信息化的不断升温，兴化市供销合作总社以服务县域经济为己任，通过电子商务的引入，引领了大闸蟹、菜籽油、木船、小家电等一大批当地特色产业的转型升级和商业模式创新（见图13-1）。

图13-1 时代印迹：兴化市供销社2000年提出的电商口号

一、做蟹库网就是做蟹产业

兴化市共有大闸蟹养殖面积80万亩，年产量8万吨，交易额达90亿元，占全国市场份额的1/7以上，河蟹年产值占全市渔业总产值的3/5，全市农民人均纯收入约1/5来自河蟹产业，兴化也由此成为全国生态河蟹养殖第一县（市），全国大闸蟹交易第一市场。近年来，兴化市注重传统农业向新型、高效、产业化发展，生态农业迅速崛起，兴化大闸蟹作为无公害农产品越来越受到海内外消费者的欢迎和喜爱。

但是，由于大闸蟹批发交易中的多环节、高成本、应收款账期长和信息不对称、质量难追溯等因素的制约，蟹农基本上处于各自为战的状态，价格波动大、收益不稳定成为长期困扰大闸蟹产业发展的问题。为解决蟹农买难卖难的问题，2014年兴化市供销社采取预售的方式在网上试销，没想到一个销售季就创造了2000万元的业绩。于是，兴化市供销社与安徽徽联手机支付公司共同成立江苏中科电商商务有限公司，首期注资1000万元，搭建全国最大的大闸蟹专业电子交易平台——中国蟹库网，精心打造全产业链条，推动从产地大闸蟹养殖农户到销地批发商和终端用户的点对点、一站式服务。（见图13-2）

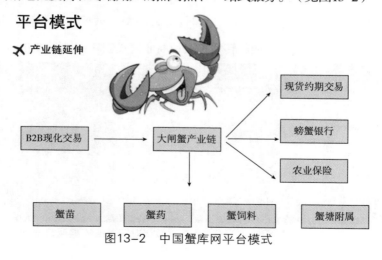

图13-2　中国蟹库网平台模式

中国蟹库网采取集成品蟹交易、产业链服务、大闸蟹银行和保险、中远期交易为一体的大闸蟹线上和线下同步推广的电子商务新模式，提供"互联网+农业"的B2P2B平台，可以进行成品蟹、蟹苗、蟹药、蟹饲料、蟹塘附属的买卖。无论属于大闸蟹产业链的哪一个环节，都可以轻松实现一站式的采购或买卖。同时，依托该平台附带建立P2R电子商务平台——"供销通"，为城乡居民生活各个领域的支付、身份认证和社会保障功能提供服务。

中国蟹库网实行零费用入驻、一站式保姆式服务，所有基础功能服务全部免费提供。因减少中间环节所形成的经济利益，一半返还给大闸蟹养殖农户，增加农民收入，一半回馈于平台商家，降低用户成本。中国蟹库网在养殖农户和大闸蟹销售终端间架起一座"互联网+"的桥梁。

二、做产业就要培育龙头企业

中国蟹库网的成功激活了兴化市供销社产业化发展新思路，在做电商就是做产业的理念指导下，兴化市供销社精心梳理发展潜力巨大的产业，采取自主与合作相结合的方法，先后培植了泰州市新合作电子商务有限公司、江苏百喜电子商务有限公司、江苏中科电子商务有限公司和泰州讯联科技电子商务有限公司等四家龙头电子商务企业。

一是泰州市新合作电子商务公司，注册资本500万元，由兴化市社控股，主营飞利浦、索尼、松下等国际知名品牌小家电和羽绒制品网上销售，拥有淘宝商城店40家、C店20多家，员工100多人，仓储物流面积近5千平方米，2014年实现销售3亿元。该公司现已成为"江苏省级电子商务示范企业"。

二是江苏百喜电子商务有限公司，注册资本500万元，由兴化市社全资拥有，负责三大主流电商平台兴化馆（1号店特色中国兴化馆，淘宝网特色中国·兴化馆、京东商城·兴化馆）的运营，专司地方名特优农产品的网上销售。

图13-3　淘宝网特色中国·兴化馆线下体验店

三是江苏中科电子商务公司，由兴化市社与安徽徽联手机支付有限公司合作成立，首期注册资本1千万元，其中供销社占股35%，重点建设区域性的大宗特色农产品电子交易中心和"智慧城乡·供销通"网上服务平台。

四是泰州讯联科技电子商务有限公司，由江苏中科电子商务公司投资成立，专司电子商务进农村工程，目前正在有条不紊地对供销系统近1000家农资、日用品农家店全面进行信息化改造，打造名副其实的网上供销合作社。同时，开发"智慧城乡·供销通"市民卡服务项目，提供代购代销、代收代缴、代存代取等系列一卡通服务。

图13-4 "智慧城乡·供销通"兴业银行卡

三、做产业就要做服务

近年来，受兴化市政府委托，兴化市供销合作社主导搭建了以"一协会两中心，三馆两平台，一村一网店"为重点的电子商务服务平台。

兴化市电子商务协会。2013年7月，经兴化市政府批准，由兴化市社牵头，市商务、农委、工商、共青团等部门参与，共同组建了兴化市电子商务协会。目前注册会员518家。协会为广大会员提供网上经营指导、货源开发、物料联采、人才培训、技术共享、信息沟通、金融支持等服务。2014年协会会员网上销售突破10亿元，其中名特优农产品网上销售超过2亿元。

图13-5 兴化市电子商务协会成立暨首届会员大会

兴化市电子商务培训中心与兴化市电子运营服务中心。兴化市电子商务培训中心由兴化市供销社牵头，电商协会承办，常年开展电子商务实用培训班，先后开展各种规模层次的培训25场次，累计达2000多人次，孵化中小电商企业868家。2015年计划培训3000人次，孵化成功率30%。兴化市电子运营服务中心，以百喜电子商务公司运营团队为班底，面向全市设立电子商务服务的"110"热线——0523-83269110，为广大中小电商提供24小时免费咨询和登门服务。电商"110"成立5个月以来，已成功接触648个服务项目，提升了供销社在群众中的美誉度，取得了良好的社会效益，成为供销社又一个特色服务品牌。

淘宝网特色中国·兴化馆、1号店特产中国·兴化馆和京东·兴化馆，由兴化市供销社所属的江苏百喜电子商务公司负责具体运营。其中，1号店特产中国·兴化馆已于2014年8月8日正式开馆，淘宝网特色中国·兴化馆也于2015年9月9日正式上线运营，京东商城旗舰店已经成功运营，有望在一段时间后由店转馆。"三馆"的建设促进了兴化市农产品电子商务由单兵作战向集聚发展的升级。

兴化市大宗农产品（蟹库网）电子交易平台和"智慧城乡·供销通"电子服务平台。全国最大的大闸蟹B2P2B电子交易平台——中国蟹库网已经上线运行；以"P2R+O2O"进行农村流通终端信息化改造和城乡市民服务一卡通为主要内容的"智慧城乡·供销通"网上服务平台，已进入供应端和销售端招商阶段。这两大电子交易服务平台的建设，将收复供销社农村流通主渠道的失地，较好地打通网上供销社的最后一公里，大大提升供销社服务三农的功能。

　　"一村一网店"，即电子商务进百村工程。2014年9月中旬，经兴化市政府同意，市商务局、团市委、供销社联合下发兴商发〔2014〕22号《关于实施兴化市"电子商务进百村工程"的通知》，在全市农村启动电子商务示范点、示范村建设活动。2015年4月7日，市委下发《关于推进全市电子商务产业发展大突破的意见》，明确要求供销社负责电子商务进百村工程的实施。目前首批68家电子商务村级示范点正在完善提高，与阿里巴巴"村淘"点结合的第二批100家电子商务村级示范点正在高标准、高起点地建设中。兴化市供销社计划结合"智慧城乡·供销通"平台的建设推广，用两年左右时间实现全市613个行政村电子商务示范点全覆盖，带动更多农民宽带增收、网络致富，同时用P2R+O2O的方式信息化改造1200家农村日用品和农资农家店，把村级电子商务示范点打造成供销社为农服务的现代终端。

图13-6　城东镇"智慧城乡·供销通"示范点

四、做产业就要能包容

做产业需要一个一个地挖掘产业的潜在价值，成熟一个推出一个。除了打造中国蟹库网之外，兴化市社还推动了中国非物质文化遗产——"竹泓木船"制品、小家电代理等领域开展电子商务，实现线上线下一体化经营，切实有效地服务了县域产业经济的发展。

（一）传统木船产业因电商而生机勃发

虽然兴化市"竹泓传统木船制作技艺"早在2008年就成功入围国务院批准的"第二批国家级非物质文化遗产名录"，但由于整个木船制作工艺相当复杂、工序多、工艺难度大，从选料备料到断料、配料、破料、分板、拼板、投船、打麻油等有十多道工序，均为手工操作，且制作过程中没有图纸，全凭造船师傅的经验，加之劳动强度大、工时耗费多、国内需求少、利润微薄等种种原因，到2010年专业从事此项工作的木工匠人已不足80人。这项百年传统工艺制作当时面临着随时消亡的危险，亟须保护"抢救"，而通过传统的销售渠道却难以扩大销量、重振产业。兴化市供销合作社组建的江苏百喜电子商务有限公司了解到这一情况后，特意腾出办公场所邀请楚风木船的销售人员进驻，并成立了一支运营队伍配合他们来做全网营销。在整个团队的共同努力下，订单数量每年以50%以上的速度递增，楚风公司的业务也从原来单一的竹泓木船，逐渐转变为用竹泓木船打造技艺生产加工各个类型的实用木船及艺术模型欣赏用船，包括画舫船、餐饮船、仿古船、机动船、乌篷船、小划船等旅游景点用船及展览用船。在逐渐打开国内市场的同时，他们还将目光投射到了国外。通过对接外贸公司，楚风公司目前已经开发出欧式尖底木船以及电动式威尼斯贡多拉船等多种外贸产品，并首创以分离方式出口、视频教学组装的先例。

图13-7　兴化竹泓纯手工木船

（二）破厂房因电商成为小家电巨头

泰州市新合作公司原本是兴化供销社于2010年成立的一家网络销售公司，位于兴化城区北郊，没有明显的区位优势、交通优势、商务优势和人才优势，只有闲置的3000多平方米厂房，公司经营步入困境甚至难以为继。而此时，兴化有一家私营小型商贸公司德昌公司，在淘宝网上开设网店干得小有名气，却缺少仓储和资金。2011年5月，双方决定合作发展。他们采取市场化、公司化、股份制的模式，成立全新的新合作公司。新组建的新合作公司克服了人才、仓储、资金三大制约要素，走出了一条优势互补、合作共赢的发展新路。公司主营飞利浦、索尼、松下等国际知名品牌小家电和羽绒制品网上销售，是飞利浦影音产品在中国的电子商务总代理，拥有淘宝商城店40家、C店20多家，员工100多人，仓储物流面积近5000平方米，2014年实现销售3亿元。

点评

用做产业的思维做电子商务，是兴化市供销社电子商务实践的亮点，也最具借鉴价值。客观地讲，我们对互联网技术带来的产业重组，并借此可能引发一场大规模的产业变革，在战略层面上重视不够，思想准备也不够充分。从这个角度分析，兴化的案例给我们的启示有：

一、产业电商是推进新型农业服务规模化的有效途径。规模化是农业现代化的特征之一，除了农业生产规模化、经营规模化及农业组织方式规模化外，服务的规模化也是农业战略转型的重要引擎。兴化市供销社从产业服务的思路出发，精心培育大闸蟹、手工木船、菜籽油、小家电等产业，形成一个又一个产业集群，走出了一条以规模化服务带动县域经济发展的道路。

二、做产业电商的核心是重新构建商业关系。产业化的要点是产业链的调整和利益关系的重构。兴化市供销社精心挖掘产业链条各环节、各利益主体之间的相关关系，搭建起集成品蟹交易、产业链服务、大闸蟹银行和保险、中远期交易为一体的大闸蟹线上和线下同步推广的电子商务平台，提供产前、产中、产后的一体化、一站式综合服务，将大闸蟹产业链条上的各利益主体串联在一起，为破解农业产业如何链条化的难题进行了有益的探索。

三、产业电商是在包容合作中实现放大效应的。产业电商是大布局、大战略，需要极强的包容文化与合作意识。兴化市供销社在电子商务发展中，无论是股权融合、项目对接，还是商业联姻、平台推广，都体现了开放包容的现代商业精神。

14 新疆果业：
西域电商的升级发展战略

　　思路决定出路，理念决定行动，行动形成特色。新疆果业集团搭建电子商务平台，整合线下线上资源，就像一艘扬帆远行的航船，走出了一条与众不同的创新之路。2014年4月28日，习近平总书记到新疆果业集团有限公司考察，总书记连连称赞新疆干果"味道好"，网上形象代言人"果叔"好玩。总书记谆谆告诫要把新疆好的资源、特色资源开发出来。同年8月31日，国务院副总理汪洋特地来新疆电子商务科技园区调研，考察新疆农业的升级之路。新疆果业集团的成功也吸引了阿里巴巴董事局主席马云，在11月24日来到新疆果业集团参观电子商务科技园区，并品尝了西域果园和田骏枣等产品。2015年7月25日，第三届丝绸之路经济带城市合作发展论坛，来自亚欧各国56个城市的千余名代表和专家学者也充分肯定了新疆果业集团公司在电商领域对市场经济的促进作用，新疆果业集团荣获了"传承丝绸之路精神贡献奖"。这些荣誉来自于新疆果业人的踏实付出、来自于新疆果业人的创新探索、来自于"新疆果业模式"的成功。

图14-1　阿里巴巴董事局主席马云在新疆果业集团参观

一、制定战略——"新疆果业模式"的起点

战略是组织前进的方向，是组织经营的蓝图。战略学家乔伊尔·罗斯说："没有战略的组织就好像没有舵的船，只会在原地打转。"

新疆果业集团有限公司是由新疆维吾尔自治区供销社控股的股份制企业（集团）公司。其实，新疆果业集团以前和其他地区供销社企业一样，它的前身自治区土产果品公司曾经是一家濒临破产的老企业。在计划经济的年代，很多问题积重难返，其主营业务几乎从市场中退出。等、靠、要，只有死路一条，唯有创新，才能冲出一条生路。2004年11月10日，新疆果业集团有限公司（简称"新疆果业"）在新疆乌鲁木齐市正式揭牌成立。千里之行，始于足下，"新疆果业"创新从制定发展战略开始。

（一）制定战略规划

一个完整的战略规划必须是可执行的，它包括发展方向和资源配置策略。战略规划制定的基本步骤见图14-2。

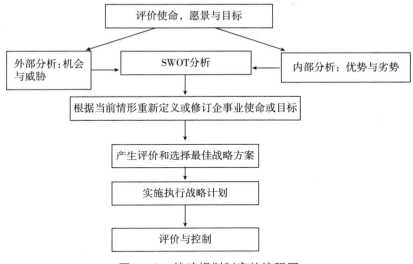

图14-2　战略规划制定的流程图

　　"新疆果业"战略制定，先从"新疆果业"外部环境，从行业现状、行业发展、国家政策、行业中现有竞争对手、潜在的新生力量的威胁及替代商品或服务的威胁等情况进行分析。然后"新疆果业"根据内部资源情况进行自我分析：比如"新疆果业"擅长什么？"新疆果业"的核心竞争力是什么？"新疆果业"在哪些领域具有提供一种持续竞争优势或成为竞争优势的基础？接着将外部环境与"新疆果业"的资源状况结合起来，找到"新疆果业"发展的机会，制定出它的发展战略。

　　（二）"新疆果业"根据SWOT分析制定的具体战略

　　战略是根据组织的目的选择一套与众不同的运营活动，从而创造一种独特的价值组合。在选择发展战略时，组织必须将注意力集中在能发挥其强项机会和竞争优势上。通常为保证总体战略的实施，还需制订战略行动计划，保证资源供给，并以一定的评估方法进行监控和调整。

　　按照SWOT分析法，"新疆果业"通过对其外部内部环境、优势

（S即Strength）、劣势（W即Weakness）、机会（O即Opportunity）
和威胁（T即Threats）进行深入分析，将其"能够做的"（即优势、
劣势）和"可能做的"（即机会、威胁）之间有机组合，确定了自
己的发展战略（详见表14-1）。

　　具体来讲，"新疆果业模式"最大的特点就是全产业链（上联
上游，以公司+农户的形式将广大果农组织起来，公司提供技术、培
训、种苗等，形成订单型农业）；品牌化经营；提高产品的深加工
和高附加值；然后下游销售采取互联网的线上+线下物流配送形式。
在该模式下生产出的水果品质得到保证，且有一定的总量使传统营
销渠道和电商营销紧密结合。"新疆果业模式"战略提升后的最大
特点是整合资源，全方位、全产业链服务。

表14-1　"新疆果业"SWOT分析及战略规划

	机会（O）	威胁（T）
内部、外部分析	1)国家每年的1号文件及对"三农"问题的重视； 2)西部大开发； 3)国家对供销社的改革发展作出的重大决策和战略部署； 4)新疆维吾尔自治区经济社会发展战略目标的提出	1)果品流通格局发生的重大变化； 2)其他经营主体的快速发展； 3)城市居民需求发生的变化； 4)农村地区正在发生深刻变革； 5)农业经营方式的加快转型
	劣势（w）	优势（S）
劣势、优势分析	1)经营理念上的落后； 2)计划经济的"等、靠、要"的惯性思维； 3)新经营模式的不了解； 4)人员知识的老化等	1)具有较健全的组织体系和服务体系； 2)一批有经验、懂经营的人才队伍； 3)长期深入基层，贴近农民； 4)对果品及其他农产品产销市场非常了解； 5)具有联结城乡的网点资源优势； 6)拥有一定数量的资产和设施

续表

战略的制定	战略调整	战略进攻	战略提升
战略的制定	1)克服劣势 2)利用机会 3)恢复优势力量	1)利用优势 2)寻找机会 3)主动出击	1）整合资源 2）整体运作 3）服务带动
新疆果业战略规划	"三步走"战略 1）第一步采取调整战略：整合资源，克服劣势，利用机会，恢复优势力量； 2）第二步采取进攻战略：主动出击，寻找机会，利用优势，做新模式； 3）第三步采取提升战略：平台整合，龙头带动，质量提升，网罗整体		

二、创新经营方式——"新疆果业模式"的核心

（一）资源分析

新疆具有发展特色林果业得天独厚的资源优势，特色林果业是新疆优势突出、特色鲜明、市场前景广阔的产业。自20世纪90年代中期以来，自治区就实现了林果基地规模的快速扩张。进入21世纪后，全区林果业强劲发展，林果面积每年以百万亩以上速度递增。自治区制定的发展目标就是要培育出一批具有较强市场优势和较大带动能力的国家级、自治区级林果产业化重点龙头企业，实施名牌战略，打造驰名品牌，增强新疆特色林果业在国际国内的市场竞争力，建成比较完善的特色林果业产业体系，确立林果业大区地位，实现林果业强区目标。这些为"新疆果业"的发展提供了良好的外部资源。

"新疆果业"自身也积累了很好的资源，它具有较健全的组织体系和服务体系；有一批有经验、懂经营的人才队伍；长期深入基层，贴近农民；对果品及其他农产品产销市场非常了解；具有联

结城乡的网点资源优势；拥有一定数量的资产和设施。但机制的约束，信息经济对传统经济造成的强烈冲击，使新疆果业人思考怎么才能够异军突起。新兴的电子商务在经济活动中的地位和作用不断提高，信息技术特别是全球电子化、网络化的快速发展，如何将传统的市场营销模式同新技术相结合，以提高企业的经营效率和盈利能力，是摆在新疆果业人的一个新问题。

（二）机制转变和多元化经营

21世纪初，"新疆果业"成功进行了产权制度改革。公司由原来的国有变成了混合所有制，股权实现了多元化。新股东为公司引进了人才、资金、管理、机制、市场资源、经营网络、科学的运行模式和新的经营理念。产权制度改革给企业带来了活力。

"新疆果业"采取全产业链经营，从传统果品经营向以产业化、标准化、电商化、综合性经营模式转变，业务集农副产品收购、加工、贸易，仓储运输为一体，建有容量40万吨的大型仓库群，9万平方米的露天货场，1万吨的恒温保鲜库，240米长的铁路专运线，全新疆最大的棉短绒交易市场；拥有国际先进水平的食品饮料生产线和食用农产品加工厂。在行业中成为全球最大樱桃李生产、加工基地，全国最大葡萄干、杏干、葵花籽、黑瓜子等贸易商，芸豆的出口贸易量在全国最大。现在，"新疆果业"是自治区供销社控股的大型国有企业集团，有新疆高品质稳定的全产业链产品——通过国家食品安全生产加工标准，是国家农业产业化重点龙头企业，拥有果蔬浓缩产品综合加工生产线5条，干坚果加工生产线3条，果品保鲜库3万吨，农副产品配送周转库房30万平方米，铁路专用线250米，年加工、物流配送农副产品规模达100万吨，通过电子商务和实体连锁销售网络遍布国内外市场，产品远销中亚、港澳日韩及欧美市场。

（三）夯实全产业链经营的源头

改制之后，公司进行战略调整，夯实全产业链经营的源头。具体从以下几点着手：

1.基地建设，抓品质

改制后的果业集团左右开弓，一手抓产品源头，一手抓市场开拓，步入了发展快车道。

在生产收购上，公司在乌鲁木齐、昌吉、阿克苏、喀什、和田等地（州），建立了6个基地，集特色林果种植、加工、仓储保鲜、物流配送为一体。通过组织农民专业合作社的方式将农户组织起来，在新疆霍城、阜康、吐鲁番、鄯善、和静、焉耆、奇台、阿勒泰等地建立食用农产品专业协会，组织农民兴办专业合作社，具体采取典型引路、示范带动等方式，联合农村种植大户、农民经纪人、农业技术人员，形成了公司+农民专业合作社+农户的经营格局和利益连接机制，使农村合作经济组织真正成为农民走向市场的组织者，成为农业增效、农民增收的重要载体。这种经营模式，对于企业来说，保证了货源及产品品质；对农户来说，保证了产品销路和收入。

2.网络建设，抓基础

在市场开拓上，"新疆果业"大力发展林果业连锁经营网络。在不断规范的基础上，加大力度在我国各大城市建立配送中心、总代理、总经销和连锁经营网络，使"新疆果业"农产品连锁经营网络遍及全疆、遍及全国，走向世界。

"新疆果业"开辟了"线上+线下"相结合的营销模式。在北京、上海、南京、广州、武汉、成都、西安、无锡8个中心城市，建成新疆特色林果产品展示直销中心、物流配送分仓、连锁网点和商超专区专柜多个，在新疆各地（州）发展了16个总代理、总经销商，向1000多个专卖店、加盟店、超市、商场、便民店配送"天山"和"独风流"品牌系列产品；公司积极推进市场开拓战略，打通了华润万家、北京物美、世纪联华、苏果连锁等大型商超的农产品销售通道，借力发力、借船出海，进一步拓宽新疆农产品销售渠道；并在中亚、日韩、欧美和港澳地区建立了稳固的外销渠道。

3.利用行业的科研力量，搞深加工

"新疆果业"充分利用行业的科研力量，一是与中华全国供销合作总社济南果品研究院开展的果汁产品加工合作，完成樱桃李浓缩果汁的工艺和设备配套，使生产的浓缩汁产品符合出口要求；二是与中华全国供销总社南京野生植物综合利用研究院，开展樱桃李在保健和美容化妆品上技术合作；三是与新疆农科院以及州、县园艺所、林果站开展的樱桃李选优项目及年产万吨优质低硫制干杏肉深加工项目的合作。

（四）让企业插上科技的翅膀，捷足先登，出奇制胜

做商业重要的就是快半拍。在台风来了猪都会飞的年代，新疆果业顺势而行，去贴近这个时代，贴近互联网。早在2010年，当很多企业在抱怨"买难""卖难"，在磨破嘴皮、磨破鞋底去超市找商家做"农超对接"时，"新疆果业"已经在利用互联网销售农产品。公司大力发展电子商务这种先进的销售方式，通过线上下单、线下配送到家或者到社区门口的方式实现。几年间，迅速占领市场，实现了企业发展的三级跳，由增加数量向提高质量转变，由规模扩张向效益提高转变，由基地建设向加工转化和市场开拓转变，全面提升主业国内外市场竞争力。

1.做电子商务，好酒也要吆喝着卖

"新疆果业"进入电商，抓科技，自建B2C。

（1）搭建起新疆第一家林果业电子商务公共服务网站——新疆林果网

2010年9月，"新疆果业"与其他几家公司共同出资2000万元，成立新疆特色林果电子商务股份有限公司，建立了"新疆林果网"，成为新疆首家将电子商务与新疆特色林果产业相结合的电子商务网站。其采取"政府推进、企业主导、市场化运作"的模式，致力于搭建完善特色林果业服务体系，覆盖从林果种植、收购、仓储、物流、销售，到林果加工、服务完整产业链的电子商务平台，立足新疆，面向内地与中西亚和欧洲两个13亿市场，构建了新疆林果全球贸易网，是疆内最大的网上水果、干果购物网。

（2）2011年，果业集团收购大唐丝路电子商务有限公司，成立了新疆果业大唐丝路电子商务有限公司

2011年合资成立新疆果业大唐丝路电子商务有限公司（简称"大唐丝路"），其有着6年的专业电子商务运营及资源整合经验，2011年年初与新疆果业集团全面融资合并，公司注册资本增值1500万元，专业运营团队15人，企业员工超过130名、年销售额超5000万。通过强强资源整合，全面负责新疆果业集团"全国线上电子商务销售系统"，并横跨全国电子商务战略与全国旗舰店一体化体验模式，现拥有自主品牌"西域果园""丝路宝典""天山瓜子""鲜果配送"，并与新疆大中型企业实现电子商务战略合作伙伴关系，品牌优势资源以贴牌、资本整合为手段，垄断新疆特色生产品牌及企业，大唐丝路立志于搭建现代电子商务战略型企业，并已实现全国电子商务平台战略，实现品牌商品全产业链，物流全

国分仓。2011年7月，完成果业集团线上、线下整合营销的布局；2012年，最终实现全国一级城市次日达战略，实现1.3亿元销售；2013年，"新疆馆"实现销售收入6亿多元；2014年，"新疆馆"突破10亿元大关。

"大唐丝路"主营业务为干鲜果品、农副产品的销售；电子商务运营策划；品牌营销推广；仓储物流服务；电子商务咨询服务；电商培训业务等内容。

当2014年国家制定了"互联网+行动计划"，作出了大力发展电子商务的战略部署，电子商务迎来了前所未有的机遇时，新疆果业充分发挥自己的优势，不断优化和创新，决定要实现企业跨越式的发展目标。

2.创建品牌，好产品也要起个好名字

"新疆果业"现拥有自主品牌"西域果园""丝路宝典""天山瓜子""老果林"等，并与新疆多家大中型企业建立了电子商务战略合作伙伴关系，初步实现品牌优势资源互补，以贴牌生产、渠道共建、平台共享、资本整合等方式，整合了新疆名优特色产品品牌及企业，形成一个新疆果业产品大家庭。

"独风流"新疆伊犁独风流饮料食品有限公司是中国饮料工业协会会员单位和中国果蔬汁分会理事单位；公司通过ISO9002国际质量体系认证；产品获得国家绿色食品认证和新疆农业名牌产品称号，获得"中国消费市场知名品牌"称号；是新疆饮品行业中三大品牌企业之一。

新疆乐升食品有限公司通过ISO9001国际质量体系认证和国家绿色食品认证。荣获"自治区重点保护企业""自治区质量跟踪产品"称号；已获准申请"国家名优产品"称号。

3.形象代言，卡通形象深入人心

请明星，花钱也未必效果好。自己的员工开动脑筋，自己设计卡通形象"果叔"以及穿着各民族服饰的卡通人物，并且用到产品包装上。

果叔（GuoShu）是"新疆果业""西域果园"品牌的代言卡通形象。果叔的样子憨厚可爱，取自农民伯伯的原型，代表着"大唐丝路"对这片土地上辛勤劳作人民的感激之情。他一身维吾尔族的装扮，手拿新疆独有农耕工具坎土曼，也是新疆各民族和睦友好关系的象征。果叔在2012年10月由线上团队画出草图，再由著名新疆本土漫画师多次修改完成的。现已获得国家卡通形象专利证书，任何单位，个人未经允许不得擅自使用，否则相关单位有权追求侵权者的法律责任，并要求侵权者承担全部损失。

图14-3　果叔的形象

憨厚、勤劳、时尚，果叔作为新疆果业集团西域果园的网络形象代言人，生动的将新疆淳朴的少数民族气息带入到现代化的网络时代中来，真诚朴实的形象让更多的消费者去认识新疆劳动人民的新面貌。

图14-4　卡通民族服饰

卡通人物形象代言是互联网时代来临之后兴起的一种新兴文化，通过卡通形象的设计能更好地传达出企业宗旨、企业文化。新疆果业集团"西域果园"品牌，创造出果叔形象旨传播新疆旅游资源、文化资源、物产资源，增进大众对新疆的认识，了解新疆特色文化，宣传新疆优势资源推动新疆纯天然特色林果类产品的销售。

团队穿戴"果叔"人偶和各个民族服饰在街头拍照，做很多民族团结的活动，宣扬各民族团结的精神，唤起大家对家乡的热爱。卡通人物形象在"西域果园"品牌互联网销售过程中加以利用，生产制作了以"果叔"为背景的手提袋、U盘、随行杯，明信片等系列礼品。跟随商品宝贝，发到全国各地，大获顾客的青睐，许多顾客专门收藏。现在很多新的赠品，更是添加上更多新疆的文化知识和民族风情，让更多的人一起认识大美新疆。

图14-5　周边产品

习近平总书记视察"新疆果业"时，来到企业电子商务运营中心。在一台电脑前，网店副店长任伟龙告诉总书记，网店已成为新疆水果销往各地的重要渠道。"这是网上形象代言人'果叔'。"打开网页，一位大叔的卡通形象跃然网上。总书记说："这挺好玩的，小孩子喜欢这个。"

"大唐丝路"目前是国家级电子商务示范基地"新疆电子商务科技园"的运营商，园区在2013年成为科技部命名的"国家级农业科技园核心区"；还获得国家商务部"国家级电子商务示范企业"称号；同时也是阿里巴巴集团在新疆区域的战略合作者，是淘宝特色中国"新疆馆"、阿里巴巴1688"新疆馆"的运营商，与淘宝合作了"汇聚新疆""新疆农产品推介会""新疆电子商务高峰论坛"等活动，获得各方好评，奠定了公司在新疆电商领域的重要地位。

4."线上+线下"融合

"大唐丝路"在产品上初步实现全产业链，为改善用户体验，在北京、上海、广州、武汉、长春、成都建立了物流全国分仓，配送采取第三方物流配送方式，由物流代理公司承接仓储、运输代理后，为减少运行费用，提高服务质量，同时为了使公司有利可图，在整体上进行统筹管理，使物流合理化。同时，支付结算方式采用了由银行或第三方支付公司作为中介来承担，进而降低交易风险。

5.人才培养

"新疆果业"对专业人才储备一抓到底，在电商筹备运作之前就已经招兵买马，从各大院校、社会上招聘了一批专业基础扎实、有一定行业从业经验的专业人才。2012年与淘宝大学合作建立淘宝大学新疆合作机构，定期、不定期地进行电商人才培训，从而解决了人才老化、科盲的问题，给企业插上了进一步"跨越式"发展的翅膀。

三、大平台服务——"新疆果业模式"提升

中国政府已确定丝绸之路"一带一路"为国家发展战略，新疆被确定为"丝绸之路经济带"的核心区，2014年李克强总理提出"互联网+"的国家电子商务发展战略，2015年供销社系统综合改革，又一个新的历史发展新机遇已经来到。

现在已经进入一个资本、共享和互联网的时代，面对越来越快的变化，新疆果业早已站在时代的风口浪尖上，成功布局。新疆果业以"大唐丝路"为主，重点进行供应链整合、特色农产品电子商务、现代物流及协同信息体系建设，最终构建起集交易、物流、金融、信息和技术服务及跨境电子商务为一体的大型综合性网络服务平台。

（一）电子商务运营

1.草船借箭

"新疆果业"通过"大唐丝路"、利用集团全产业链，进行产业整合及新疆电子商务战略布局。公司与新疆多家大中型

企业建立了电子商务战略合作伙伴关系，初步实现优势资源互补，以贴牌生产、渠道共建、平台共享、资本整合等方式，整合了新疆名优特色产品品牌及企业，形成了新疆特色产品的集约化大平台。

与淘宝网特色中国联合开设"新疆馆"，淘宝、京东商城等网站搭建新疆特色农产电子商务平台，形成了线上线下相结合的立体营销网络，经营新疆"名、优、特、新"农产品近万种，形成了新疆特色产品的集约大平台，打造出电子商务实践的"新疆模式"。

2.孵化园区

"新疆果业"建设国家级电子商务示范基地——"新疆电子商务科技园"。2014年3月，"大唐丝路"正式入驻新疆电子商务科技园，直接负责园区的规划与建设。

3.电子商务运营

电子商务销售平台整合销售体系，2012年已搭建完毕，独立销售型电子商务销售平台28家，分销商2400余家，电子商务平台整体日访问量超过100万。

（1）西域果园。西域果园天猫旗舰店、西域果园京东旗舰店、西域果园1号店旗舰店。西域果园是新疆果业集团旗下主打品牌。利用新疆特有的林果业资源优势和新疆林果的优越突出品质，通过新疆果业集团全产业链模式进行销售。其销售模式分为线上（电子商务）和线下（实体门店）。大唐丝路电子商务有限公司负责西域果园的线上销售。

西域果园线上产品定位：25—35岁注重生活品质的白领消费者。其包装风格融合新疆本土手绘漫画师手绘人物风格，展现新疆少数民族的人物形象与文化风俗。包装形式采用环保牛皮纸袋加铝箔内袋组合包装，突出产品品质与环保主题。

（2）丝路宝典天猫旗舰店。丝路宝典源于闻名于世的丝绸之路，因为该品牌归属的产品产地为新疆沙漠绿洲，大多是古时的丝路重镇，千百年来依其优越的自然地理环境和气候资源，是中国古今闻名的瓜果之乡，与古丝路文化相映生辉。丝路宝典品牌集纳新疆的物产之精华，品种丰富、品质优秀，每一种美食都凝聚着一部脍炙人口的美食传奇，打开丝路宝典犹如翻开一部充满神秘诱惑、耐人持久寻味的美食典籍，人们在品食丝路美食美味的同时，能够回味千年悠远的本草传奇。

（3）新疆美味特产店：最全的新疆特产平台。

（二）电子商务服务

"新疆果业"致力于新疆资源的整合，帮助传统企业转型，集聚新疆特色特产资源，组织大型电商活动，服务于新疆网商，推广新疆文化。借鉴、总结、探索和创新出一套适合新疆本地的农村电子商务运营的商业模式，并积极推动和参与县域电子商务推广和建设，输出完善的农村县域电子商务的运营模式设计、体系建设的辅导系统。目前，正在多个县区实施。

1.帮助新疆传统企业转型

帮助新疆前海集团、上游公社、天山花开、精杞神等借助网络销售；策划、设计和帮助地方企业搭建地方馆，已经完成"伊犁馆""喀什馆""阿克苏馆"的搭建，正在设计和规划"阿尔泰馆""和田馆""吐鲁番馆"方案。

2.策划大型活动，推广新疆文化

已经开展了点亮淘宝路，汇聚新疆一、二期，阿里巴巴集团·新疆首届特色农产品推介会等活动。

3.参与政府项目，传播新疆正能量

"大唐丝路"承接了"阿克苏的苹果红了""叶尔羌河对您说"等传递正能量的活动。

"2014新疆网络文化节·阿克苏的苹果红了"活动的开启，两万个阿克苏冰糖心苹果和祝福卡被送往全国各地，新疆人用这种温暖、融情的方式，来感恩党的关怀，感谢热爱新疆、关注新疆、建设新疆、点赞新疆的人们。随着苹果的陆续送出，全国各地掀起了以送苹果表达新疆各族人民对内地各族兄弟姐妹情谊为主题的活动热潮。

"叶尔羌河对您说"是由国家互联网信息办公室指导，新疆互联网信息办公室主办，喀什、阿克苏、哈密地委宣传部、和田皮山县委、县政府及若羌县委宣传部承办的大型网络外宣活动，旨在以5种新疆优质红枣为媒介，借自治区成立60周年之际，把叶尔羌河流域各族群众的感谢与感恩传递给国内外热爱新疆、关心新疆的每一位亲人，并向他们致以新春的祝福。笑脸枣娃和互联网符号@组成了此次活动的标志，"大唐丝路"活动非常成功。

（三）电子商务培训

2012年与淘宝大学合作成立淘宝大学新疆机构，多来在公益培训上联合自治区残联、团委对弱势群体、大学生村官、农村经纪人等进行公益培训，传播电子商务知识和技能，带动更多的人参与电子商务，有力地推动新疆本土电子商务的发展和信息化水平的提高，已累计培训了一万多人次。同时，建立了电子商务网络培训E平台的系统，将为新一轮电子商务下农村推广，提供人才的培训支撑。

（四）电子商务合作

"大唐丝路"凭借多年来专业电子商务运营及资源整合经验，在2012年就与阿里巴巴集团建立战略合作关系，于2012年与淘宝网特色中国合作成立"新疆馆"和"淘宝大学新疆分校";2013年入驻并实操运营新疆电子商务科技园区,负责园区的规划建设和产业整合;2014年建立1688"新疆馆"。

1.新疆馆

目前拥有网商会员770多家,200多家网货供应商,2013年实现销售额6亿元,2014年首次突破10亿元,已经成为集中展示和推广新疆文化和产品的重要窗口,取得了很好的社会和经济效益。

2.新疆电子商务科技园

2013年6月29日,新疆电子商务科技园区在乌鲁木齐高新技术开发区挂牌成立,新疆维吾尔自治区副主席钱智为园区揭牌。

新疆电子商务科技园区由"新疆果业"投资6亿元建设,占地540亩。分为电子商务创业孵化区、服务区、培训示范区,物流配送区和新疆优质农产品研发与示范区三大功能区,将广泛吸纳内地及中亚、俄罗斯等国家企业进驻,并培育中小微企业、农民专业合作社、各类电子商务服务企业等。园区还将搭建覆盖全国的物流配送体系,实现物流配送与电子商务协同运作,国内一线城市次日可送达,其他城市3天即可送达。2013年被列为乌鲁木齐国家级农业科技园核心区,成为首个以电子商务园区唯核心区的国家级农业园区,大大提升了科技园的层级和内涵。

3.仓储物流

已有上海华东总仓、北京华北总仓、广州华南总仓投入正常运营使用,其中:上海仓冷藏库500平方米,货物暂存仓2800平方米,电子商务作业区600平方米。北京仓冷藏库500平方米,货物暂存仓2600平方米,电子商务作业区300平方米。广州仓冷藏库500平方米,货物暂存仓1500平方米,电子商务作业区200平方米。

（五）县域电子商务体系

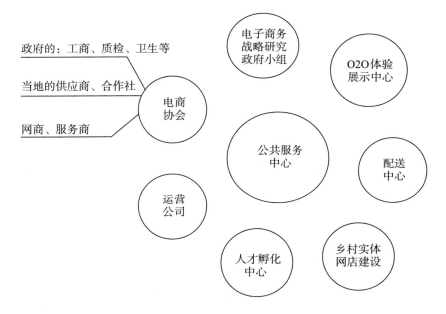

图14-6 县域电子商务

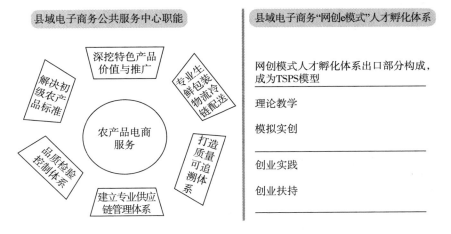

图14-7 县域电子商务中心职能及人才孵化体系

（六）六大功能

"新疆果业模式"提升后的大平台服务，将实现以下六大功能：

1.B2B功能

大宗新疆特色农产品电子现货交易、批发交易，将资源优势转化为平台优势、行业优势。

2.B2C功能

产品的零售、供应链管理、增值服务。

3.服务功能

实现供应链金融、物流金融、结算金融、融资金融等服务；专家技术支撑、生产指导、政策资讯、行业资讯、市场资讯、产品信息发布、电子商务培训E平台、专业咨询及营销推广等服务。

4.物流服务

大平台将以信息化体系支撑，提供现代协同物流服务。

5.跨境电子商务服务平台

实现（双向）物流、商品流、信息流及资金流的汇聚，实现供销特色的跨境电子商务模式。

6.农村电商服务体系

服务体系涉及：工业品、日用品下行系统；特色产品、农产品上行系统；及供销超市分销体系；生产资料、农村金融服务等。成为拟建"供销"大平台最有价值的基础支撑体系和上下行的业务承接体系及数据来源。

总之，"新疆果业模式"通过制定战略规划、具体实施战略规划、创新理念及建立服务体系使得"新疆果业"及下属公司积累了丰富的运营经验，也使"新疆果业模式"大获成功。

点 评

　　"新疆果业模式"电子商务实践，坚持政府主导和推动、以企业为主体实施、社会资源市场化配置的原则，顺应了电子商务进一步细分市场规律，结合区域有基础的产业、文化、特色资源、旅游资源制定整体电子商务发展规划，填补国内林果行业在电子商务领域的空白，对于新疆林果产业的整合和升级、推动区域经济的发展都具有重大意义。

　　一是改变了农村的传统思维方式和观念；二是通过农村电子商务下行、上行的顺畅运行，让农户的产品销售出去，消费者品尝到特色的新疆果品，享受现代商业文明带来的便利和实惠；带动当地特色农产品的产业发展及精深加工、民族传统工艺品的挖掘，并形成产业、旅游文化的推广宣传以及物流、金融等现代服务业的快速发展，是调整农村地区产业结构的最佳选择；三是带动和实现传统产业的升级和优化，并提高供应链管理水平，增加区域实体经济的竞争能力，是提升存量经济质量和拓展增量经济的最好方式；四是增加和带动区域就业和农村富余劳动力转移就业，并吸引农村青年回乡创业，促进区域经济的快速发展，实现农民增收，是解决"三农"难题的重要手段；五是通过区域电子商务运营体系建设和发展，完善了区域电子商务基础设施，从而为区域内的传统产业和实体经济的发展和市场联通，插上了信息化的翅膀，为新农村建设和实现农业现代化奠定坚实的基础，为区域的经济繁荣、社会稳定作出了重大贡献。

15 云农场：
农资电商的跨界综合服务

2013年以来，土地流转变革正在使家庭承包被适度集约的农业生产方式逐步取代，农资购买主体转向专业合作社、农业公司、种植大户和家庭农场等新型农业经营主体，这使农业生产资料传统的"批发零售"方式面临挑战。尽管传统农资行业的营销方式遭人病诟，营销痛点业内人士尽知，但似乎多年来并没有什么治病良方。

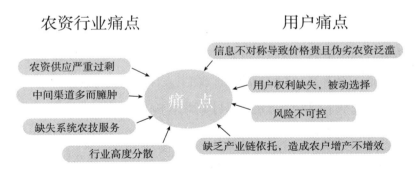

图15-1 云农场治愈行业之痛

一、横空出世

2014年2月8日，一家叫云农场的农业互联网企业出现在人们视野中。云农场是集农资电商、农产品定制与交易、农村物流、农技服务及农村金融等领域为一体的农业互联网高科技集成服务商。核心人物是几个30来岁的年轻人，这些既懂农业又具有互联网思维的年轻人，对互联网农业的优势非常清楚。他们认为，土地流转出现的新的生产经营主体与原来的农户最不一样的区别就是他们的经营意识增强了，成本意识增强了，因此对服务的需求也强烈了。面对农场大量无法满足的需求，让他们兴奋不已。在这个领域，互联网的应用几乎还是空白，于是几个年轻人开始了他们的创业。他们的目标是，利用互联网技术和思维整合农业产业链上下游资源，以"互联网+农业综合服务"模式，从降低农资采购成本、提供低息贷款、订单种植、免费种植技术培训、拓宽农产品销售渠道等方式，增加农民收入，服务农业现代化，全力打造全球领先的农业互联网高科技生态圈。

云农场一开始就没有把自己当作生产资料的供应商，他们的功夫全部下到了整合资源上。在他们的平台上，一头集聚了数万农场主资源，这个数字每天都在增加，另一头是包括化肥、种子等多个品类的农资产品供应商，而云农场则致力于通过互联网促成网上农资交易及高科技服务平台，提供化肥、种子、农药、农机交易及测土配肥、农技服务、农场金融、乡间物流、农产品定制与交易等多种增值服务，相继开通了瑞丰美、乡间货的、丰收汇、云科农服、云农宝等多个服务频道，在线下则致力于建立以村级服务中心和农场主服务中心为基础的标准化电商服务体系，跨界形成了农业产前、产中、产后全方位的现代农业服务生态圈，有效对接了科技、信息、金融等新兴领域，由此衍生出智能化、精准化、定制化农业大数据服务，开创了"互联网+农业"产业新形态。短短时间里，云农场就以集农资电商、农产品电商、农村物流、农技服务及农村金融等领域为一体的农业互联网集成服务商形象在山东、河北、河南等18个省迅速传播。2015年3月19日，联想控股与云农场签订战略投资协议，千万美元投资云农场，共同推进"全新农业产业生态圈"布局。

二、跨界服务

"一体两翼多羽"的综合服务模式，是云农场实现其战略发展目标的重要途径，也是其创始人最为得意的互联网思维之道。

"一体"即打造一体化的网上农资商城，形成"互联网+农资流通"产业新模式。针对农资流通渠道的弊端，云农场立志改造传统农资流通方式，砍掉过去旧利益链条中厂家、区域经销商等环节中的加价，为此，云农场在农村亮出"便宜买农资，就到云农场"的刷墙口号，把农资交易引导到互联网上，农场主从云农场网上下单直接向各大厂家购买自己需要的农资产品，可以购买到更便宜、更放心的正品农资，开创从厂家直接到农户的流通方式，农民购买农资便宜15%—45%。一位农民感慨道："'云农场'的农资就是便宜，以前买一袋测土配方肥要花135元，现在95元就够了。而且从厂家直接购买质量还有保障，省心、实惠，品质放心。化肥、农药、种子等数千个农资品牌在线销售，让农户购买有了更多的选择。"

图15-2 一体两翼多羽

图15-3　县级服务中心

"两翼"即通过建立村级服务中心和农场主服务中心，构建覆盖全国的标准化农村服务网络，贴地面发展和服务用户，实现线上和线下相结合，打通农资电商最后一公里。

村级服务中心是云农场线下最后100米的到户服务网络，具有农情咨询、产品体验、引导购物、产品配送、农技服务、互动社交等职能，主要承担农资购买培训、种植技术需求采集及培训组织；收集农民种植中遇到的问题，反馈到云农场；物流代收货；聚合发布村内的种植资源，云农场帮助其对接采购商。村级服务站的负责人都是当地有威望有影响的人物，一般是种植大户或者农资经销商。有一位镇站的站长，曾经干过工地，开过超市，是见过世面有经商经验的人，现在他的超市已经换上了云农场的牌子，主要经营农资。他说："和传统的经销商的不同在于，经销商是从厂家拿货，之后层层加价，价格是不透明的，而现在云农场从厂家直接拿出厂价在网上明码标价，我就填我的镇站号，云农场把货从厂家拉到我这里，我负责送到村里。"

表15-1 "多羽架构"模式组成

◇可靠农产品交易服务平台——丰收汇
◇P2P农村物流平台——乡间货的
◇增产增收综合解决方案——农科农服
◇全面的农村金融平台——云农宝
◇定制化智能加肥终端——瑞丰美

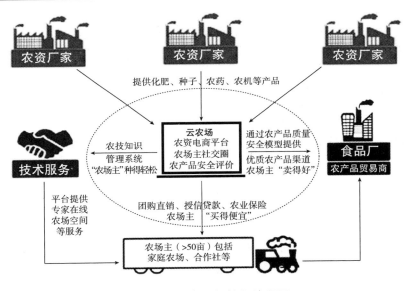

图15-4 "多羽架构"流程图

1.创建可靠农产品交易平台——丰收汇。该平台致力于农产品安全可靠的交易，构建起订单种植体系、农产品质量安全可追溯体系和金融服务体系"三大体系"，用互联网+农业安全生产技术帮助农民拓宽农产品销售渠道，助推农产品安全生产，提高农产品流通效率，促进农产品规模化、产业化运营，开创从零散的农产品无序生产到有计划的个性化定制，从失控失信的农产品供应到可期可信的农产品预定，让农场主的农产品能直接对接到下游的采购商，实现农产品"卖得好"。有一位农民种了60多亩的无花果，由于无花果不易储存，一些成熟的果子掉到地上直接就烂了，鲜果批发只能卖到几块钱一斤，如经过加工零售可以卖到30块钱一斤，但是因为缺少销售渠道，很多果子还是都浪费了。加入云农场后，云农场对每个客户都有详细的记录，其农资使用情况、种植情况以及农产品收获情况的信息全部能够掌握，因此，丰收汇作为云农场的农产品交易平台，可以直接发布供需信息，为买卖双方促成真实、安全、高品质、可溯源的农产品交易。

2.提供农村物流平台——乡间货的。该平台是一款基于移动互联网技术开发的免费农村手机配货软件，致力于解决农村配货问题，提供为车主找货，货主找车的信息服务，通过手机客户端来保证配货信息的时效性和互动性，实现物流、货源信息的网络化、移动化，从而建立起以县、乡、村三级物流节点为支撑的农村物流基础设施网络体系。客户也可以通过云农场的网站，找到相应的车源及货源的信息，顺利的解决物流问题。

3.提供增产增收综合解决方案——云科农服。云科农服是云农场基于"互联网+"模式下推出的农业第三方服务，提供农机租赁、农技指导、土壤和肥料检测等农业综合服务。实现"资源整合、精准对接"。云科农服根据作物的生长情况制定适合当下的作业服务，如玉米收割的时节，会提供玉米收割、旋耕等甚至包括下一季农作物播种在内的农机服务。

4.提供定制化智能加肥终端——瑞丰美。在"科学测土、智能配肥"理念指导下，以土壤测试为基础，根据作物需肥规律，针对氮、磷、钾及微量元素等肥料的施用数量、时期、方法，创建"测土到田、配肥到站、配送到点、按需推广"的测土配肥流水线新模式，对配肥站进行12S统一管理，实现肥料的智能化、定制化生产，做到作物缺什么元素就补什么元素、需要多少就补多少，进一步降低农民农资采购成本。

5.提供国内全面的农村金融平台——云农宝。"云农场"推出"云农宝"用以满足农民在生产过程中面临的资金需求。该平台为农村版的支付宝和余额宝，致力于挖掘农业全方位的生产数据，为农业种植产前、产中、产后全产业链提供互联网金融服务。在农资销售中，赊账是最通常的做法，但也是农资流通领域的症结，资金链的风险始终存在。云农场采取农民直接把钱打给云农场，村站不再经手资金，不仅从根本上解决了赊欠问题，也彻底改变了传统农资营销模式。有一位从事多元化种养殖的农业大户，他不仅种植小麦、红薯，还养鹅、办农家乐。"现在不管有了哪种生产需求，我全部都用'云农场'。特别是其中的'云农宝'，让我从银行获得低息贷款。粗略算了一下，因为用上了'云农场'，我一年能多挣十几万元。"

三、健全体系

云农场的战略布局，需要依托完善的运营管理体系。在运营中，他们注重构建四个支撑体系。

一是整合行业上下游资源，提供一站式个性化定制服务体系。在全国各地设立测土配肥站，以肥料的个性化定制为入口，继而实现种子、农药、农机、农业设施等农资的个性化定制，打造中国农业生产资料定制化服务，并为安全农产品定制积累大数据。

二是完善大数据服务体系，直接用于指导农业生产服务，也是未来云农场的核心工作之一。联想投资云农场时表示，大规模定制化营销是21世纪市场营销的大趋势，大数据则是支持定制化的一个最重要的基石，云农场基于大数据基础上的定制化战略是云农场核心竞争力的集中体现。

每个客户在云农场购买农资产品后，都会形成相应的购买记录，根据数据记录系统可以判断出他种了什么作物、需要哪些产品，从而进行产品推荐，并了解何时需要施肥、何时需要收获，以及通过记录农户采购农资交易的情况、采纳的种植问题解决方案，向专家咨询的问题等收集数据，为农产品信息交易平台打下基础。建立数据库后，利用农产品安全模型，指导用户用最少的肥药、最省力的管理方式种出优质、安全的农产品，为加工企业找到自己所需要的农产品；以测土配肥为入口，继而定制种子、农药、农业设施，为农产品定制积累提供大数据；为金融机构对授信客户的考察提供依据，对贷款使用情况的有效监管，实现银行与农户的精准对接；根据作物的种植与收获季节，云农场又能主动为农户提供产品的售卖服务。

三是建设科技成果孵化基地与体系，促进农技成果转化应用。作为被中国老科技工作者协会农业分会授予的"农业科技成果转化孵化基地"，云农场将依托孵化基地为入孵的企业提供研发、测试、经营场所等基础设施和政策、管理、市场推广、培训等综合服务，积极孵化一批高科技农业企业，促进被评价成果的转化应用与产业化发展。

四是建立云农场价值体系，助推现代高效科技农业发展。帮助高质量农资企业通过进入县域电商体系，实现全国范围内的农资下乡；通过入驻"丰收汇"农产品交易服务平台，更好地实现农产品进城销量、增加收入；通过供应链整合，将农业龙头企业、农民合作社、种养加专业大户、家庭农场、物流企业整合成一条完整的产业链，实现抱团发展；通过交易记录整合银行资源，为金融机构融入小农户金融圈打开切口，拓宽农业用户金融渠道。

2015年，云农场整合资源的模式初战告捷。中国农业发展的空间无限，而年轻互联网人在这条路上能走多远，手握巨额资本的投资人、依然高度怀疑的传统农资经营者、嗷嗷待哺的新的农业经营主体以及互联网的同行们，都在高度关注着。

 点评

农资是最传统的产业之一，随着土地流转的推进，农业发展环境有了新的变化，当然这也冲击了传统的农资流通渠道。大家都知道继续采取"一买一卖"的传统模式，必将走上一条惨淡经营的老路。许多企业知道互联网领域大有作为，但是，这方面成功的电商项目并不多。云农场率先跳出行业的局限，采取跨界经营的发展战略，是一个让人眼前一亮的案例，让我们对"跨界"有了感性的认识。围绕这个案例，对开展电商跨界，有两个关键词需要把握：

一、相关性。相关性包括战略相关、产业相关、利益相关、商业关系相关等多个维度。跨界不是无厘头的炒作，而是围绕着战略要求对产业特点、资源禀赋、渠道属性等元素进行分析后，采取相关性融合，进而形成新的商业模式。例如，苏宁跨界到影视圈，战略意图是推出全方位的家庭数字客厅。云农村在跨界设计中，将农资电商、农产品电商、农村物流、农技服务及农村金融整合为一体，通过构建标准化电商服务体系，打造农业产前、产中、产后全方位的现代农业服务生态圈。

二、创造性。跨界实际上就是新商业模式设计的过程，跨界体现了跨界者的智慧。云农场初步成功的关键在于对互联网思维的深刻理解，例如生态圈的打造跳出了一般的产前产中产后的服务窠臼；定制化的供应端发力利用了互联网整合碎片化的资源；平台套平台的建设最好地诠释了资源整合的延伸性；类似出租车领域的滴滴模式的"乡间快"让人拍案叫绝，是真正互联网思维的农村物流解决方案；像P2P金融服务，虽然别人也能想到，但支付宝+余额宝模式，更契合了其确定的综合服务战略。所以，云农场的发展告诉我们商业模式的重要性，尽管大家都知道综合服务的道理，但是真正以一个完整的商业模式来实现，云农场可以算是成功的少数。显然，跨界不仅仅是口号，互联网也不仅仅是工具，只有以互联网的思维来重新分析传统产业，才能够产生独特有效的商业模式。

16 新合作百意：
大型卖场的电商转型之道

山东省济宁市兖州区是我国著名的煤炭主产区之一。全区人口51万，城区人口约占总人口的2/3，年均财政收入约41亿元，是一个城镇消费能力较强的区域。为了满足城区居民的消费需求，2012年北京新合作商贸连锁集团有限公司出资与兖州区供销社共同成立了新合作百意商贸有限公司，大力发展连锁网络。经过3年的发展，企业网点遍布兖州、曲阜、邹城、徐州丰县等地，现有员工3500余人，直营网点102家，年销售近10亿元，是鲁西南大型现代化商业连锁企业。

新合作百意公司大厦坐落在兖州市最繁华的物流、商流、人流集中的商业区，拥有该市最大的超市卖场，已有会员19万人，超过全区51万人口的1/3。卖场面积8000多平方米，日均销售额80多万元，赶上促销活动或节假日，销售额能突破100万元。在周边商场销售业绩下滑的情况下，百意超市大卖场的销售却节节上升，一枝独秀。

那么，为什么一个人气旺盛、销售业务持续看好的大卖场，要转型做电子商务呢？百意商厦的王经理，一位在供销社工作了30年的"老供销"如是说："企业要不断创新，企业发展的速度取决于创新的速度；电子商务的发展是一种不可抗拒的趋势。虽然，当前商厦的发展很好，但是，周边商业的下滑也给我们敲响了警钟。"正是在这种电子商务大潮的驱动下，兖州市新合作百意公司在兖州市率先搞起了电子商务。"济宁供销百意电商"是由济宁市供销合作社主导，依托兖州新合作百意商贸有限公司设立的全市统一的区域性电商服务平台及线下网点品牌。服务平台以"百意网"为基础，整合吸纳其他涉农网站，联合各县市区供销社共同开展日用品、农资线上线下服务，农产品进城、进社区及其他各项便民服务，以互联网技术实现对农村流通服务网络的升级改造，逐步把"济宁供销百意电商"打造成为城乡居民生活提供全方位服务、为农业生产提供全程系列化服务的区域性综合电商服务平台，最终实现全市供销社"一张网"。

从2013年年底开始，公司开始派员赴山西、江苏、浙江等地区考察、学习。在总结各地经验的基础上，经过反复论证，他们提出了利用实体店做好区域电商的课题，并于2014年7月投资300余万元，与海信智能商用系统有限公司联合开发了"百意网"系统六大平台，即线上六大平台和线下三种网点的现代商业O2O及电子商务系统项目，并于2015年3月16日正式上线开业。

在六大平台中，百意购网站是兖州供销新合作百意的网上商城，是企业自建的电子商务交易平台，其他五大平台——百意官网、OA办公、百意配送、百意SCM、好品供销，是以服务、管理功能为主的平台。

图16-1　百意系统运营模式和六大平台

　　百意购平台是用于商品销售的单用户平台，采取"同城网购，社区自提"的运行方式。公司依托原有的大卖场，从2万—3万种商品中精选了2000—3000种商品上线进行销售，主要以生鲜商品为主。所有商品均从大卖场直接发货，与卖场同一套库存，质量价格既有保证，又不增加企业成本。根据发展的需要，公司未来将开设独立的运营与配送中心。目前，在大卖场配送的货源中，40%以上直接来自厂家或生产基地，这样又大大减少了产品销售的中间成本。每天有数辆大型封闭型货车负责将卖场的商品配送到网点。

在网点的设置上，为推广百意购模式，按照互联网进社区、互联网进农村的要求，公司发挥网下资源优势，实现"线上营销、线下成交，线下体验、线上交易"，共开发设置了配合线上运营的体验店、服务站和自提点3种网点形式，分别实现"帮助最早一批人"了解使用电子商务、解决"农村最后一公里"和"社区最后一百米"的问题。同时，将线下网络发展分为三个阶段进行：第一阶段完善内存及流程；第二阶段依托体验店进行网络推广；第三阶段村级服务站和自提点的建设。到2015年7月底已经开设了2家体验店、4家服务店和1家自提点。

大卖场中心体验店——帮助最早一批人了解、使用"百意购"（见图16-2）。百意购第一家线下体验店选择设立在大卖场，因为这里客流量大，信息传播速度快，能够在短时间内迅速扩散百意购平台。在体验店里，桌上摆放着电脑和显示屏，墙上挂着购物流程图，对于那些有网购经验的人来说，根据流程图的提示就能顺利通过百易购实现网购；而那些没有网购经验的人，可以在工作人员的帮助下，更直接地了解百易购的操作流程，能够实现从不知道什么是网购，到自己也能独立操作网购这一跨越。公司在基层网点增加了一家体验店，让乡镇居民也能体验到网购的便利。

图16-2　百意购体验店

　　村级服务站的功能与体验店大不相同，除了推广百意购电子商务之外，还有为村民代购农资、代购大宗生活用品、代缴各种费用、代收邮件快递、代售家庭农产品等功能。村级服务站的存在更好地为农民解决了"最后一公里"服务的问题（见图16-3）。在村级服务站的建设过程中，公司首先选择致力于自主创业、有一定电脑操作经验、具备开店条件的中青年人，然后与他们签订开店协议。在3月份建立的首家村级服务站，就是由一名家庭比较困难的农村妇女开办的。这家服务站由店主提供房屋、货架等基础设施，百意公司投入1.5万元为其配备了电脑、网络触摸屏等电子设备，以及带有供销社标识的门头。后续每家门店的开店投入基本控制在1.5万元以内。百意电商公司还与苏宁合作，利用苏宁的采购渠道为农民代购家用电器，此举一方面使百意公司实现了零库存，另一方面也帮助农村居民便捷地买到物美价廉的用品。此外，还与江苏睢宁县沙集淘宝村合作，为农民代购大宗家居。目前，店主通过支付宝、网银等支付方式为村民代购商品，村民把现金支付给店主。网上购物返利，以及代缴各种费用的手续费，百意公司全部让利给店主，集中资源扶持他们把业务做大做强。

图16-3 村级服务站

"百意购"为村民代购服务流程

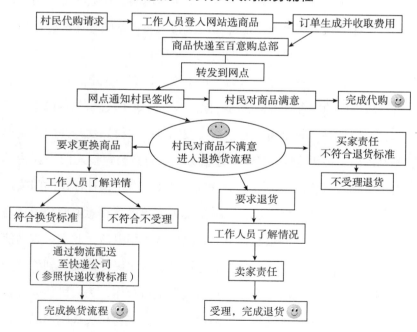

图16-4 百易购为村民代购服务流程

各类自提点——解决城市社区居民服务最后100米的问题。百意公司充分利用线下零售资源，在2015年2月份选择若干人口密度较大、消费能力较强的小区配备了多功能智能自提柜设备，解决了上班人群没时间买菜购物的后顾之忧，获得了不错反响。但是，随着天气渐热，生鲜商品的保质又成了一大难题，为此，百意公司开始在市场上寻找合适的设备，最终以每组自提柜5万元的价格从位于张家港的厂家定制了第二代自提柜（见图16-5）。此种自提柜增加冷藏保鲜功能，能够确保生鲜商品的鲜度和长时间的存放。每组二代自提柜共有大小柜子及冷藏柜51个，一日可配送两次，一天能满足102户的需求。由于城区面积不大，配送时间较短，同时也因该项业务开展时间不长，配送商品的需求量不大，在生鲜商品配送过程中，他们暂时采取加放冰袋的保鲜措施。2015年5月，百易购第一个新型自提点在兖州区较为知名的高档社区"太阳都市花园"推出。该小区居民有800户，对自提柜的使用率接近2/3。

图16-5　第二代自提柜

在货源和网点设置完成以后，配送成为必须解决的另一问题。居民通过百易购网站购得的商品，均是从百意大卖场统一配送。公司承诺一日两送，并确保最快一小时就可以送达。对有特殊需求的客户，公司还能够做到在半小时即可送到。

为给顾客提供最好的购物体验，公司目前采取"送货上门"和"社区自提"两种送货方式。社区自提由百意商城的两部配送车辆承担配送任务，送到就近的村级服务站或社区自提点，之后居民从村级服务站或社区自提点自行领取。而送货上门时，对购物超过39元的顾客免配送费，配送费由百意公司承担；39元以内的按比例适当收取配送费用，由村级服务站负责送货并收取配送费用。由于该地区村庄面积普遍不大，村级服务站已经能够辐射到全体村民，村民到服务站自行领取商品不存在交通和时间成本。同时村民到服务站领取商品时又可顺便办理其他业务，增进了店主与村民之间的信任与感情。

百意购目前的网上支付是通过网银支付方式完成的，由于百意公司的大卖场已积累了19万持有购物卡的客户资源，加上后续的线上线下推动，预计客户数量仍将持续增加，因此公司正在努力争取并积极开发自建支付体系，有金融体系支持的百易购也将推动互联网事业进一步发展。

下面，我们再来了解一下百意官网、OA办公、百意配送、百意SCM、好品供销这五大平台。

百意官网是以对内服务、管理功能为主，对外展示企业文化和发展动态的平台网站。客户通过查询百意官网就可以较为全面地了解企业基本概况和企业实力，是宣传企业形象的窗口

OA办公，是新合作百意公司实现内部办公无纸化的平台。不论

是公告、日程、通知、考勤、广告制作，还是物流中心向门店发布的新品广告等，都可以通过这个办公平台通知到公司每一个部门和管理人员。由于公司网点遍布兖州、曲阜、邹城、徐州丰县等多个地区，总部与各门店、门店与门店之间的业务沟通非常频繁。百意OA办公平台的存在，大大提升了企业管理效率，降低了沟通成本。

百意配送平台，是服务于供销百意和加盟网点的平台，用于供销百意运营中心库存商品查询、要货的系统。登录后可以查询兖州配送中心优势商品，有总部配送至各网点。

"百意配送"网上批发商城也正式运行，是兖州新合作百意整合信息、物流、品牌等优势资源，打造具有本区域特色的一体化日用品供销平台。通过发布供求信息，将更优、更低价格的商品信息传递给各销售终端商户，实现信息的及时交换。

百意SCM暨兖州广场商厦供应链系统，是为了更好地服务供应商，全面保障供应商利益，降低供应商管理沟通成本，公司开发的供应商查询平台。这个平台可以为供应商提供其所属品牌商品在各个门店的"进、销、调、存"情况。供应商可以随时随地全面掌握自家品牌在新合作百意所有门店的库存和销售情况，这也是商厦提升商品供应链效率的重大举措。

好品供销暨好品好网站，是兖州新合作百意与喜庆烟花公司合作开发的网络平台，主要销售兖州和周边县区的土特产品。好品好网站是一个多用户网站。消费者能够在上面选购到心仪的农副特产，农民还可以把自家地里的农产品、农副特产放到好品好网站上进行销售。

虽然当前兖州区新合作百意公司开发的百意网平台的经济效益还没有显现出来，但是已经创造出了良好的社会效益。此举不仅受到当地老百姓的广泛认可，多家媒体的报道，还吸引了当地政府的高度关注，兖州区政府已经决定投入1000万元支持当地电子商务的发展。2015年7月份被评为全国供销系统"电子商务示范企业"，这也是鲁西南唯一获得此称号的企业。新合作百意公司未来计划实现对县城大型社区和主要乡村的全覆盖。

 点评

与其他传统商业企业面临的窘境相同，新合作百意公司也遇到了卖场转型的问题。新合作百意公司的一些尝试值得思考。

一、大型卖场的电商战略是什么？客观地说，大型卖场为什么要做电商？要做成什么样的？这些战略性问题还没有一家商业企业能回答清楚。许多企业的参照物无非是淘宝，但是，当大型卖场把自己和淘宝对比之后，却更加迷茫：支付系统、金融信贷都比淘宝好，消费者大数据分享也是最早就有了，营销竞价广告更是鼻祖。新合作百意公司清晰地看到了大卖场转型的这些问题，因此为了发挥线下卖场和网点的优势，跳出大卖场拘泥于商圈开展经营的老路，通过实体店面的信息化改造，实现农村最后一公里，社区最后一百米的新突破，走了一条网络下沉、紧贴消费者的战略路径。

二、大型卖场的电商模式是什么？目前，商业企业的一些探索还处于比较稚嫩的阶段，主要有京东的垂直化自营模式，苏宁的线上线下一体化模式，此外还有诸如网上商城模式，以及自营商品的卖场模式。新合作百意公司的规划意图大体上是以农村市场为主，形成以城市卖场为航母、众多连锁体验店为护卫舰的电商销售新体系，如针对不同人群，体验店、服务站和自提点三种方式共同推进；整合原有大卖场，与电商平台共用一个配送中心；利用遍布乡村的上百家连锁超市与平台的对接；与苏宁、沙集镇等联系，扩大货源采购的品种与范围。虽然这些做法还属于零敲碎打的性质，但如按此方向推进，很可能形成卖场转型的典范。

三、大型卖场电商转型的工作着力点在哪里？京东是从供给端发力，打造最短时间配送生活圈；苏宁是从大数据发力，目的是形成苏宁云商体系；还有一些卖场是从自营品牌发力的，希望扭转卖场靠租金、进场费经营等被动局面。总之，战略重点不同，发力点的选择也不同。新合作百意公司的定位如果是延伸农村市场，在转型中应当关注以下几个问题：一是前期投入问题。农村连锁超市是否具备与平台对接的设备，社区网点自提柜的投入，以及将来形成规模之后，配送运营中心的建设与设备投入等都是必须考虑的问题。二是与生产商、供应商、物流配送环节协同发展问题。三是在开拓农村市场方面如何提升农产品上行问题。

17 乐村淘：
文化制胜村镇O2O

有这样一家农村电商公司，自2014年9月15日正式上线，10月26日，启动第一家农村电商线下体验店，11月11日，启动第一个电商镇以来，经过10个月的发展，已在山西全省建立了7000多家村级体验店，其中比较活跃的有4000—5000家，全国共建立16000家，遍布山东、内蒙古等12个省和自治区；发展了70多个县市的体验店，占到山西全省119个县市的58%以上；建立晋中村镇小卖铺数据库；公司签约供应商600多家；省外建立了北京、内蒙古、广西、山东等7家分公司。这家公司犹如一匹"黑马"，在农村电商领域脱颖而出，它的做法被淘宝大学作为经典案例。它就是山西乐村淘网络科技有限公司（见图17-1）。

人物标识：选择一个头裹毛巾，朴实可爱的农民形象作为企业的标识，形象十分接地气，代表着乐村淘是为广大农民提供服务的。他的出现使得乐村淘有一个可爱可亲的形象，拉近与用户的距离。

乐：以简洁的喻义形象"1"转借笔画，寓意乐村淘是第一个真正的村镇O2O品牌，通过"一睁一闭的活泼笑眼"转借笔画，凸显"快乐、亲和力"的品牌特点。

村：以圆为核心元素，传达乐村淘全画、周到的品牌诉求，用心形转借笔画"点"体现"全心全意"为农民服务的核心思想，并致力为广大农民提供信得过的良心产品。整个字体像一轮红日，寓意给农村人民带来希望的曙光。

淘：用放大镜的图形转借左侧偏旁部首，更好地展现乐村淘平台就像一个放大镜，可以帮助用户"淘"到想要的产品，并且更加可靠、专业。整体展现出一个让人乘兴而来，满意而归的购物好去处。

图17-1　"乐村淘"的标识

"乐村淘"公司成立于2014年1月，位于太原市政府投资建设并免费支持的高新区电子商务产业园，是高新区重点企业，有两层办公楼。走进"乐村淘"的所在地，楼道的墙壁上布满了图片。它们或代表着"乐村淘"文化（见图17-2），或反映了"乐村淘"的营销模式，或体现出"乐村淘"的战略方向（见图17-3），或呈现出"乐村淘"的发展历程。总之，透过这满墙的图片，让人感受到这是一个充满文化、富有思想、释放激情的创业场所。公司组织机构及人员结构为，总经理室3人，运营总监室5人，技术总监室5人，财务总监室5人，市场部50人，设计部6人，商务客服4人，物流部4人，共计82人，平均年龄二十七八岁，是一个富有朝气与创新的企业。正如"乐村淘"的创始人赵士权所说："乐村淘是一个分享的平台，开放的平台，包容的平台，是一个大家庭，是一个能全心全意为农民服务的平台，是有思想，有使命，充满正能量的平台，是一个开向未来的农村电商航母！"

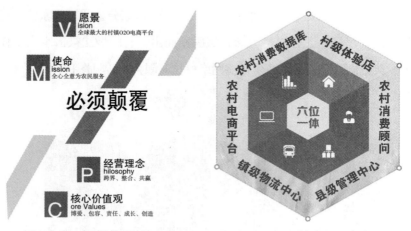

图17-2 "乐村淘"的文化　　图17-3 "乐村淘"的发展战略

"乐村淘"正式面世，始于2014年7月22日，公司在山西太原红灯笼体育场举办的第一次新闻发布会。尽管公司高管们一致看好这个项目，前期为此投入1000万元，用于市场摸底调查、数据分析、逻辑推演及网站建设等工作，并高调推出，但当时他们对未来的发展战略以及实现的路径其实还不是很清晰。新闻发布会的召开，犹如把"乐村淘"逼上梁山，一切工作必须快速推进。2014年9月15日，"乐村淘"商城官网正式上线，四天后"乐村淘"商城第一次供应商入驻大会启动，吸引200多家商家进驻，10月26日，"乐村淘"启动第一家农村电商线下体验店，11月11日，"乐村淘"启动第一个电商镇。特别是"乐村淘"启动第一家农村电商体验店时，四个小时销售额达到203680元，令他们看到了农村市场极大的需求与商机，也极大地鼓舞了"乐村淘"的发展士气。随着工作的进展，"乐村淘"的发展战略与经营模式也变得越来越清晰。

以互联网改变世界，以需求谋划战略。"乐村淘"结合农村经济发展现状及农民消费需求，制定了适合当前农村电商发展的"六位一体"发展战略，可以说这是"乐村淘"制胜的核心。

如图17-3所示，"乐村淘"六位一体的发展战略包括：1.村级体验店——帮助村民网上购物、产品代卖、劳务输出、金融服务等；2.农村消费顾问——为村民提供产品服务信息，收集村民销售供需数据，一般由村级体验店店主担任；3.县级管理中心——负责开拓体验店、培训体验店、服务体验店；4.镇级物流体系——负责县到村、村到县的双向物流配送；5.农村电商平台——为农村提供"商流""物流""信息流""资金流"服务平台；6.农村消费数据库——收集、分析、运用农村消费数据，更好地指导农村消费。这六个方面形成一个有机的运营体系，确保"乐村淘"战略目标的实现。

在"乐村淘"六位一体的发展战略中，线上的电商平台和线下的体验店，是其发展的基础。线上平台是一个集合了交易与服务功能的综合性平台，线下体验店又以村级体验店为基本。"乐村淘"经过调研分析认为，目前农村互联网的发展可以分为三种情况：一是互联网的盲区，其基础设施不具备；二是互联网的萌区，宽带已经进村，电脑、手机已经被人们应用；三是互联网发展的成熟区，能够自我实现购物。以上三种情况比较来说，第一和第三两种情况基本排除在"乐村淘"目标区域和目标人群以外，而第二种情况在村民拥有电脑、手机等工具，农村物流又不通畅的情况下，借助"乐村淘"线下体验店则具备线上购物的可能。因此，这便成为"乐村淘"选择线下体验店的一个重要依据。除了互联网基础条件的选择之外，村庄较大、人口较多，村里已有小卖部或小超市，且离县市较远的村落，又成了"乐村淘"村级体验店的首选。同时，"乐村淘"认为"观念意识远比店铺重要"，因此在对店主的选择上，那些有一定电脑操作经验，经过指导有意愿加入"乐村淘"电商项目的店主成为主要目标，进行培训，签订协议，为其添置电脑及显示器、制作门头标识，将现有的村镇小卖铺，升级成为"乐村淘"的线下体验店。"乐村淘"开设的第一家村级体验店，选择了一位供销社退休的老职工开设的店铺，店主不仅具有20多年的经营经验，特别是他本人非常看好电子商务的发展势头，愿意加入"乐村淘"项目（见图17-4）。

图17-4　"乐村淘"第一家村级体验店

　　负责开拓村级体验店、培训体验店、服务体验店的县级运营中心，是"乐村淘"能够在短时间内迅速建设村级体验店的重要推手。县级运营中心以加盟的方式加入"乐村淘"平台体系，"乐村淘"根据县域情况，向其收取12万—15万元不等的加盟费，这部分费用主要用于村级体验店电脑、显示屏设施投入，以及门头标识的制作。县级运营中心的收益，根据其开设村级体验店的数量，以及提供培训、服务的情况，从村级体验店的销售返利中按照一定的比例获得。具体做法是，"乐村淘"从村级体验店销售产品，厂家给予的返利中提取50%，之后再将这部分提成中的一半分配给县级运营中心。此外，县级运营中心还承载了部分厂家向村级服务站送货的任务，在"乐村淘"与供货商签订的协议中，一般明确厂家负责送货到村，如果厂家不能承担，则由县级运营中心、乡镇物流中心（见图17-5）或者第三方物流负担，厂家向其支付这段路程的运费。这样，县级运营中心要想尽快收回它支付给"乐村淘"的加盟费，必然要抓紧开拓村级体验店，并完成对体验店的培训与服务任务。

图17-5　"乐村淘"的物流

如果说"六位一体"的发展战略是"乐村淘"制胜的核心，那么，"乐·6集""乐创客"和"乐淘天下"三大营销模式，便是"乐村淘"的制胜法宝，也是实现"乐村淘""走进农村、走出农村"构想的重要模式。

"乐·6集"——农民身边的大集。"乐村淘"清醒地认识到农村市场局面复杂，情况千差万别，地广人稀、订单不集中、物流不通畅、费用过高等等问题，成为农村电商落地的天堑。因此，"乐村淘"在各家农村电商平台还在黑暗中苦苦摸索的时候，根据农村地域的这些特殊情况，结合长时间调研与运营的数据结论，开创出了"乐·6集"。

"乐·6集"是"乐村淘"推出的互联网消费品牌，也是"乐村淘"进军农村市场的重要战略部署，打造出"乐村淘"独特的电商营销模式。"乐·6集"就是以每月的6号、16号、26号为一个销售周期的截止日，这种做法有利于货品的集中订单、集中发货、集中收货，符合波峰销售模式。不仅吸引村民在网上赶集，而且还大大降低了仓储物流成本，避免了大量资金的占压。2015年4月6日，"乐·6集"第一期"开仓放粮之面"正式启动，主打产品为金龙鱼集团旗下的香满园面粉，创造了农村电子商务平台1小时狂销5万袋面粉的纪录，每袋比城市市场售价至少便宜10元，这次活动至少惠民50多万。4月16日，第二期"开仓放粮之米"在万众瞩目中启动，本次活动"乐村淘"免费提供2000斤中储粮隆鼎福珍珠大米，让老百姓免费品尝，以更多的惠民举措吸引农村消费者。紧随其后，4月26日第三期又举办了"家电风暴——限时秒杀活动"、5月第四期"开仓放粮之五月油爆"、第五期"农村旅游节"、6月第六期"农村爽购节"、第七期"农村日化节—日化商品大赶集"，以后还会相继推出七月啤酒节、八月月饼节等更多丰富多彩的购物节，改善、丰富农村的生活。

专题运营模式，使农村电商不再停留在空泛的概念炒作中，而是以更接地气的方式真正地走到农民面前。通过"乐·6集"这种农村特色网购节，让农村可以买到价格更低，质量更好，品类更丰富的商品，村级体验店的老板也得到利益。例如，4月26日第三期举办"家电风暴——限时秒杀活动"时，推出的家用电器，因为直接从厂家订货，其价格与市场价格比较具有明显优势，同一款半球牌电热壶的进价为17.9元，活动价格19.9元，市场价格23元；被村民喜欢的唱戏机，其中9寸大小的每台为192元，市场价是260元，店主每卖一台可以获得大约20%的返利；海信公司为活动特制的冰箱每台999元，近似型号的冰箱市场价格为1200元，店主每卖出一台冰箱可以获得200元返利。这样就不难理解为什么村民踊跃购买，店主积极推荐，公司大力组织。这种农民得实惠、店主得利益、公司赚人气的营销模式，推动了村级体验店的迅速扩张。首家体验店店主、年过五旬的胡秋林，在太谷县朝阳村开小卖铺已有二十多年。他说："小卖铺过去只能卖些吃喝和日用品，现在连家电也能卖了，唱戏机村里的老年人和妇女几乎是每人一台，电风扇每家不止一台，冰箱、小家电基本都是通过搞活动时我帮村民买的。我们帮农民每买一件东西都可以获得相应的佣金和回报，一个月营业额有十来万。"

村镇体验店通过"乐村淘"O2O平台完成代购服务的流程如下：

1. 产品下单流程。村镇惠民连锁店会员通过网上下单，订购产品，现金支付，同时供应商可看到网上订单，供应商通过订单安排物流配送，将产品配送到村镇惠民连锁店。

2. 现金支付流程。村镇惠民连锁店通过第三方支付或者网银支付将货款支付到悦人无数平台，悦人无数平台通过电脑自动将货款分配到村镇惠民连锁店和供应商。

3. 物流配送流程。供应商收到订单后，通过厂家、县级运营中向或第三方物流中心将产品配送到村镇惠民服务连锁店，连锁店签收货物，网上确认收货，全过程物流跟踪，随时可见产品配送到产品的位置。

4. 供求信息流程。平台内的会员（包括村镇惠民服务连锁店，供应商，传媒业，软件服务商）可随时在平台发布供求信息，构架成一个村镇和城市，村镇和第三方服务商，城市和村镇的三维生态信息链。

5. 移动互联流程。手机网站和PC端网站可以共享空间和共享域名，形成一个互联网与移动互联网二维一体的网络平台。

由上可见，"乐·6集"这种网上大集，是实现"乐村淘"村级体验店代购特有的形式，实现了"乐村淘"走进农村的构想。然而，体验店的功能不止于此，还担负着更重要的任务，网上销售农产品，即实现"乐村淘""走出农村"的构想。为此，"乐村淘"推出了第二个营销模式即"乐淘天下"——走出农村。

　　"乐淘天下"针对每一个县成立一个主题馆，通过挖掘一个地方的乡魂、乡情、乡味，把当地的风土人情、特色产品带到互联网上来，帮助农民创业就业，带动当地经济的发展。现已与朔州市达成合作意向，率先设立朔州馆（见图17-6）。特色馆是"乐淘天下"倾情打造的最具地域特色的展示馆，以"乡土情"为主题，以人文关怀为切入点，主打地方特色食品和手工艺品，具有"最地道、最正宗、最乡情"的特点。特色馆通过开放的运营方式，由政府和行业协会合作共同推进，借助乐村淘商城的渠道优势，帮助各地打造特色农业品牌，弘扬地域文化，促进地方产业经济逐步升级，打造地域电子商务生态圈。

图17-6　"乐淘天下"——朔州馆

　　面对农村电商人才匮乏的现实，"乐村淘"顺势推出第三大营销模式，"乐创客"——农村创业者实现梦想的舞台。

　　"乐创客"的产品由县级管理中心向"乐村淘"网站推荐，是县域特产或者具有某种优势的商品。"乐村淘"建立"乐创客"为农村创业者提供创业发展的舞台，帮助具有创业梦想的农村人实现梦想。同时，也响应国家提倡的创新驱动经济的号召，帮助创业者，服务创业者，营造更好的农村创业环境，践行"乐村淘""全心全意为农民服务"的使命。

图17-7 "乐村淘"第三大营销模式——"乐创客"

未来，"乐村淘"将继续推进体验店的建设，计划在2015年年底完成山西1000个镇、10000个村的线下体验店建设，2016年进行全国区域的建设，到2017年年底完成全国28万家线下体验店的建设，销售规模实现100亿，解决100万人的就业，并在此基础上，逐步完成自己的电商产业群建设（如图17-8），于2018年争取在美国纳斯达克上市，打造成中国农村电商的航空母舰。

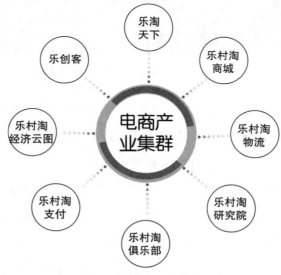

图 17-8 "乐村淘"电商产业集群

点评

一切商业活动最终都将汇入文化的海洋。电子商务说到底也是一种商业，因此，电子商务领域终极的较量是商业文化的对决。乐村淘是一个极具文化、富有思想、勇于创新的年轻人的企业，它的成功是文化、思想与创新的反映。其中，有许多做法值得深思。

一、品名文化体现创业理念。乐村淘一个很乡土的名字。打开"乐村淘"的网站，满满的乡情涌上心头，温暖了人心。这是一个极富乡土情怀的网站，将浓浓的乡村文化注入平台的营销之中。

二、战略文化推动良性成长。在乐村淘六位一体的发展战略中，无论线上的综合交易服务平台，还是线下的村级体验店，无不与农业、农村、农民生产生活有着密切的结合度，将乡村文化贯穿在战略发展的每个环节。

三、营销文化展现商业智慧。"乐·6集"将农村的大集搬到电子平台上，既迎合了农村的消费习惯，又实现了电子商务进村的战略；"乐创客"在为农村创业者搭建了一个实现梦想舞台的同时，汇集了众多优势的农特产品；"乐淘天下"走出农村，行销全国。

四、"粉丝"文化绑定市场。乡村淘将农村"粉丝"情结展现的酣畅淋漓，如针对每一个县成立一个主题馆——"乐淘天下"，通过挖掘一个地方的乡魂、乡情、乡味，把当地的风土人情、特色产品带到互联网上来，帮助农民创业就业，带动当地经济的发展；再比如组织村级体验店店主及村民两千多人到青岛旅游，参观澳柯玛公司，近距离了解公司的产品，并对其产生更大的信任感。通过这些举措，乐村淘文化渐渐渗透到每位农村"粉丝"的内心中，进而形成了宽广的农村电商市场。

五、合作文化孕育商机。乐村淘具有极强的战略合作意识，使其聚集了众多国内知名厂商、企业集团、银行、高校，与之签订战略合作协议，获得产品、资金与智力等方面的多元化支持，可谓如虎添翼。

18 阳光乔:
打通农业全产业链的任督二脉

　　传统的种植方法导致品质直线下降,农产品生产安全问题令人担忧,农产品流通价格犹如过山车,广大农业从业者收入不稳定不理想。这一系列问题,深深地困扰着一位生于农村、学习生物化学的年轻人,他的名字叫孔緜钧。世代农耕的传承,庄户生活的磨砺,使他结下了深厚的乡土情结。因此,他寻机衔食反哺,打造出"阳光乔"规模农业电商服务平台,构建起"阳光乔"服务体系。

图18-1　"阳光乔"平台生态链

武侠传奇上，经常会提到任督二脉，打通任督二脉就意味着脱胎换骨，武功突飞猛进。中医指出，任督二脉是两条涉及长寿的经脉，任脉主血，督脉主气，任督通则百脉皆通。"阳光乔"就是致力于打通从田间到餐桌全产业链任督二脉的生态链平台（见图18-1）。任脉：吸引农业生产资料企业加入其增收商城，增收商城向规模种植用户提供农资和服务，规模农户生产的农产品再通过中国农产品交易网提供给批发市场或者生鲜网站、超市等，最终通过线上或线下的零售环节到达消费者，构建起农资与农产品双向流通的销售服务体系。在这个体系中规模种植户一头连接农资供应商，一头连着大型网络批发平台，是这个体系中覆盖生产到销售全过程的核心用户，也是体系中最重要的要素。督脉："阳光乔"倡导的阳光乔健康种植体系源自生物化学技术，从根源上解决农产品的不安全因素，从而形成了健康农产品来源地的大局面，由此，发"气"通过流通环节直达终端消费者贯穿整个产业链条的始末。健康和生产就合二为一了。

加入阳光乔体系规模种植户的条件：种植100亩土地面积的家庭农场、公司；具备能流转100亩以上土地，在工商注册登记，并且能够统以管理用肥、用药的合作社。"阳光乔"对规模种植户采取加盟的方式吸收，对此制定有明确的加入条件和享受服务的内容（见表18-1）。

表18-1　"阳光乔"规模种植户享受的服务

加盟等级	加盟费（元/年）	享受服务内容
A级	500元/年	1.免费的农产品采购信息服务；2.免费的体系增收方案；3.免费的增收方案体验；4.免费的农产品网络推广；5.免费的《规模农业如何经营》专家指导建议；6.增收网一级会员（专属网站）；7.免费的商标注册咨询
AA级	1000元/年	在A级服务内容上再增加：1.每年一次一份土样免费测土服务；2.阳光乔标识免费使用授权（印刷品、包装箱、二维码）；3.增收网三级会员；4.进入重点推广区；5.免费商标设计；6.可享受其他AA级新增服务待遇
AAA级	3000元/年	在AA级内容上再增加：1.每年两次免费测土服务，每次检测一份土样；2.商务部农产品身份证标签（核定数量）；3.增收网四级会员；4.可享受其他AAA级新增服务待遇

从表18-1可以看出，无论是哪个级别的加盟会员，"阳光乔"为其提供的最核心的服务就是增值服务。而这也是最能吸引大批的规模种植户加入"阳光乔"的重要原因。对会员的选择是"阳光乔"的日常业务之一，客服人员通过电脑发布"阳光乔"的服务信息并与客户沟通，有意向的规模种植户可以在网上提出申请加入，或者来公司签约加盟，对符合加盟条件的申请者，签订加盟协议正式加入"阳光乔"体系。

"分享阳光，传递健康"是"阳光乔"的发展理念，因此，"阳光乔"健康种植体系是其核心产品，也是其增收服务的核心路径。这套体系包括降低农业种植过程中农残和重金属含量，提高农产品质量安全，实现种植连续增收的一套农业行为准则。目的是解决社会食品安全在根源部分存在的问题，与国际农业接轨，保障从根源上提高食品安全系数30%—50%（见图18-2）。

图18-2 "阳光乔"健康种植理念

生产上，"阳光乔"组织国内外优秀高端农资产品和农资供应渠道，科学地为种植用户提供免费指导，倡导降低化肥使用量30%—50%，并增产5%—10%。同时按"阳光乔"健康种植体系生产出的产品，可溯源标识化后，将被平台对接的国内大型生鲜采购商优先采购。"阳光乔"平台力主打造客户的满意度与忠诚度。目前平台经过试运营已经积累了近10万家规模种植用户，近1500万亩土地。与之相配套的为规模农户提供物流配送的服务中心也已发展到500多家，遍及全国各地。

增收服务的操作方式，一般通过阳光乔平台的远程服务部与规模化的种植基地和合作社对接，确定用户增收需求，发放调研表，根据回收调研表的数据，由相应的专家进行诊断、开方。开方之后再与客户确认，进入执行实施，执行实施的评估，形成整个流程。增收服务的具体操作流程如下：

1.确定增收服务内容。包括在生产技术环节，对土壤、用肥、用药等的生产优化、连续增收优化和远程技术指导优化；商标品牌方面的建立及推广；以及产品与网络对接、销售情况的指导。不同阶段服务层面深度和广度由"阳光乔"服务人员与客户协商确定。

2.发放调研表。在增收服务内容确定之后，"阳光乔"要首先对服务客户的现状进行调查，向其发放调查表（见表18-2）。

表18-2 "阳光乔"健康种植体系调查表

序号	调查内容
1	基本信息：如客户名称、客户类型、负责人、职务、主要作物、面积、自有面积
2	与客户确认的增收需求，希望增收的幅度是多少，希望化学肥料和化学农药降低用量幅度是多少
3	作物一个生长季原有用肥品种及投资情况，包括原有的用肥结构、用量、用途、投入等，如底肥复合肥的规格、用量、单价；农家肥使用方数，每方的价格，商品有机肥，有机质含量，钙肥，中微量元素、微生物肥料的有效成分含量、用量等
4	用肥种类和状态，包括固体无机肥、液体无机肥，固体有机肥、液体有机肥等
5	叶面肥、农药类主要成分、稀释倍数、使用次数、时间、单价、投入成本等

3.提供给客户用肥分析和建议。根据调查表的信息，给客户开方、抓药。主要是两个方面，一个是原有的用肥结构，分析每一个种植品种的特性，对每一种肥料的实际使用情况进行分析；另一个是生产优化方案及结果预估，涉及化肥用量的减少，用肥品种的增加，增加的投入成本是多少，增加的类型，减少的量有多少，在优化后该作物每亩投资的合计。结果预估部分要详细描述预估的理由，涉及为什么要减少原先的复合肥、农家肥的用量，为什么要添加微生物类、叶面肥类，以及添加之后的效果，如何最终达到期望的增收幅度5%—10%，这些需要在预估增收里面作出详细介绍并要接受客户或客户聘请专家详尽的询问。

4.执行实施与评估验收。客户根据"阳光乔"给出的生产方案标准进行指导生产，在生产过程中，"阳光乔"可以通过远程平台的物联网系统实时进行监控与指导，在每一个方案执行完毕后，按照之前签订协议的内容进行评估验收，确定是否达标，根据达标情况核准发放可追溯农产品身份证。

5.试验结果风险管控。阳光乔在协议中作出两项承诺（见表18-3）。

表18-3 "阳光乔"在客户增收服务协议中作出的承诺

损失情况	承诺内容
在试验环节出现的任何减产减收	承诺承担相应损失，在规模种植户同意的情况下，找出原因，进行方案修正，最终达到预期目标，过程中所有的损失和耗费均由平台承担
在规模生产环节出现了大面积减产减收，需经第三方核查	如因规模种植户没有按照实施方案进行造成的损失，平台将不承担损失；如果是因为实施方案本身问题所致，平台则双倍赔偿相应的损失

由于"阳光乔"的增收服务体系构建的是农资与农产品双向流通的销售服务体系，为了实现这个体系既能提供服务，又要销售农资和农产品的功能，为此，在这个体系中设计了包括县域服务中心、乐1路增收网和增收商城三个部分（见图18-3）。

图18-3 "阳光乔"三大服务体系

县域服务中心是每个县的线下服务机构，开展农资配送服务、健康种植体系监督、农产品集中采购服务及会员管理培训。在每个县域只设立一个管理中心，为了完成"阳光乔"赋予县域管理中心的职责，对其明确了设立条件，对于符合设立条件的申请人，"阳光乔"赋予其县域内独家运营的权利。县域独家服务商的增值点在于享受服务范围内加入体系的所有终端用户生产资料销售、农产品交易以及网络收益分成。

县域服务中心的职责包括：1.配送服务。所在县域的终端种植用户所需的增收产品或者农产品采购商需要采购的农产品，服务商要提供对应的运输配送服务。2."阳光乔"健康种植体系监督。监督种植用户在使用"阳光乔"健康种植体系中是否违规，在发放"阳光乔"标签时，行驶监督职责。3.农产品集中采购服务。配合大宗农产品采购商（如增收网、全国大的生鲜电商以及全国三百多家农产品批发市场）进行对接，实现最终的交易。将县域内会员使用"阳光乔"健康种植体系种植的农产品汇总，确保为采购商提供统一品质的农产品。4．县域内会员管理与培训。确保会员完整执行"阳光乔"健康种植体系，定期走访和组织会员聚会交流培训。5.与总部保持畅通沟通。

县域服务中心设立的条件有：1.需要具备配送县域货物的能力和经验，有一个地处县城或交通镇驻地；2.是一个合作社组织，有自己的种植基地，并自身使用"阳光乔"健康种植体系；3.能够认同"阳光乔"体系的社会价值，愿意为县域内种植用户提供"阳光乔"健康种植体系应用服务；4.有一定的仓储和办公场所，保障有足够周转货物库存，能够随时接待和满足种植户的种植需求。

乐1路增收网是专业的B2B种植农产品网络平台，是为规模化种植企业、家庭农场、合作社农产品销售和品牌建设提供深度服务的交易与服务平台。"阳光乔"自主经营的乐1路增收网的主要功能是农产品销售与品牌建设，并通过品牌建设推动农产品的销售。通过该网站向全国百亩以上的规模种植户（合作社、家庭农场）和全国的大宗农产品采购商推广公司的核心产品"阳光乔健康种植体系"，吸取更多的规模种植户和农产品采购商的加入，增收网上有

"阳光乔"健康种植体系会员、常规种植的会员和非会员三种供应主体。经过认证的"阳光乔"健康种植体系的会员农产品加贴"阳光乔"的认证标识，"阳光乔"为其农产品安全生产的背书，大大提高了农产品的品质，从而塑造良好的品牌形象。

增收商城汇集了国内外优秀的肥料、农机、设备、种子、农药、苗木等的生产供应商，专业地为规模种植用户降低生产资料采购成本和提高生产效率的网上商城，是"阳光乔"的一个农资供应交易平台。增收商城交易平台，采用现代电子商务平台（B2B/O2O)模式，整合农业领域中种子、化肥、农药、农机、物流、市场等主要要素，将供货商与规模种植户集中到该平台上，通过"阳光乔"的批量采购和批量提供给规模种植户使用的方式，不仅使种子更优良、施肥更精准、农药更生态、物流更便捷、市场更鲜活，提供食品安全保障、产品可实现全程追溯等，而且大大降低了种植户对基本生产资料的使用成本，实现增收。

"阳光乔"加盟工厂的产品进驻增收商城方式有三种：一是"阳光乔"体系指定加盟产品。这类产品是"阳光乔"的核心服务内容，产品需具有一定的科技含量的功能性产品，能够解决规模种植或经营中特定的问题，该类产品需要首先进行专家评估和实验，评估实验通过后纳入"阳光乔"体系开方系列。二是，增收商城常规合作产品。"阳光乔"的规模种植用户所需要的传统常规品如复合肥、有机肥等，用量非常大。该类产品，平台采取集中采购方式，以招标形式进行产品招标。如，2013年平台成功组织了一次胶东市场的有机肥3000吨团购。该方式合作工厂需要在常规产品上具有价格和运输半径上的优势。三是增收商城预售交易中心合作产品。针对厂家的库存产品或者是常规产品，平台推出30—60天的预售交易方式，充分消化库存，合理利用淡季生产时间，因为淡季的采购成本最低，将生产实现利益最大化。该方式合作工厂需要在产品上具有价格的绝对优势。

线下县级管理中心、线上农产品交易和增值服务的乐1路增收网、提供农资供应的网上增收商城，构成了线上线下的互动体系，把农资生产厂家、规模种植户、批发商、零售商和消费者整合在一个链条上，形成一个农产品标准化、规模化的种植体系，实现了从田间到餐桌的食品安全。

为了在任脉上进一步增加动力和血液，"阳光乔"开始牵头组建规模农业产业服务投资基金，为产业链的上下游会员企业做合理引导与适时放大助力，为平台金融服务做基础性准备工作。"阳光乔"规模农业产业服务投资基金得到多方上市公司和金融机构的支持，也得到了"阳光乔"平台上下游企业的响应。

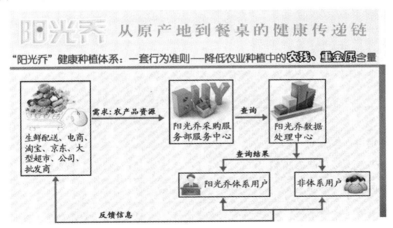

图18—4　"阳光乔"健康种植体系

 点评

我国农业规模化生产的痛点集中表现在：适度规模化不够，农业组织乏力，难以适应高水准产业运作；品牌薄弱，妨碍高品质农产品走向市场；标准失利，高标准的有机绿色叫好不叫座，相对低标准的无公害，面目不清；技术浪费，很多高效实用的生态种植技术无法大规模走入市场，缺乏良好投入模式。

如何打通农业规模化生产的任督两脉？通过电子商务技术的引入，打造规模化服务平台，形成全产业链综合服务生态圈，推动农业生产规模化，是"阳光乔"案例给我们的最有价值的启示。"阳光乔"农业电子商务服务平台通过自主经营的乐1路增收网和阳光乔健康种植体系，为全国百亩以上的规模种植户（合作社、家庭农场）提供全程农业服务；在农产品收获后，通过县域服务中心的集中采购，通过增收网和全国大的生鲜电商以及全国300多家农产品批发市场进行对接，实现最终的交易。形成了从原产地到餐桌的健康传递链，产生了其独有的创新效应：一是从源头上保障食品安全；二是实现种植户增收；三是为农产品提供全程追溯标识；四是有效解决农产品价格波动问题。总之，规模化服务的战略布局和路径选择，应当引起农村工作实践者高度重视。

表18-4 "阳光乔"服务模式与传统服务模式对比

	传统服务模式	阳光乔服务模式
服务角度	立足于自己	立足于规模农业经营者
服务方式	人员地面推销	基于互联网的快捷免费服务
服务内容	价格和公关	价值和方案
服务时限	不确定性，淡旺季差别大	期货制，订单制，淡季不淡
服务承诺	有形产品	从产到销的一条龙服务
服务环节	主要在售前	立项、生产、销售、品牌培育全程
服务半径	抢山头式的局部战区，难攻难守	规模农业全覆盖，短期内迅速开辟空白市场，客户忠诚度高
服务关系	买卖差价，商业关系	共进共退，事业伙伴

19 翼龙贷：
众筹颠覆传统农业经营方式

2015年6月11日，国务院发布《关于大力推进大众创业万众创新若干政策措施的意见 》（国发〔2015〕32号），提出"引导和鼓励众筹融资平台规范发展"。专注于农业的众筹平台——翼龙贷，即成为农村互联网金融领域的此类平台。翼龙贷倡导订单农业的新发展方式，也是所谓的"订单经济"，它是将农产品的生长，种植、养殖等信息整合到网上，进行预售模式（销售前置），其运营模式打破了农产品原有的零售流程，从而使种植户提前判断出销量，计划性地进行生产，以销量驱动生产，彻底颠覆了原来农业生产经营模式。

在传统农业和农产品流通模式下，农业产品通过流通环节层层销售，烦琐的环节使得农产品的流通成本逐级增加，不仅农产品成本居高不下，种植园主人也并没有得到较大的利益空间。翼龙众筹的初衷，就是让更多人体会到亲身参与种植的乐趣，而且还吃到了放心的瓜果蔬菜，根据订单决定生产，消除中间环节损耗。此外，通过产品众筹与股权众筹方式，从工薪阶层手里面汇集资金，或者有钱人汇集资金，反哺特色养殖种植。

翼龙贷认为农业众筹是一个巨大的蓝海，也是订单农业的新发展。作为农村互联网金融平台翼龙贷的兄弟企业，翼龙众筹平台将根据现代农业特点，通过众筹方式有效地解决农业根深蒂固的问题，包括农机租赁、生产规划、产品销售等诸多方面的难题。翼龙贷目前业务模式的重点，首先是针对农产品众筹，帮助农产品打开销路，形成稳定的消费群体；其次是给它核心上游配套的农户做债权众筹，解决配套资金的问题；最后结合政府很多的财政补贴，转向产业基金，形成整个产业链。

一、认领计划——不再让杨梅烂在地里

过去，江西省新光县有1500亩东魁杨梅皆在端午后集中成熟，且每棵树产百余斤杨梅，年产值约数亿元，但由于交通运输不畅、地头收购价偏低、罐头与杨梅酒深加工人工成本较高，导致大部分杨梅不能及时采摘任由掉到地上烂掉，每年仅靠卖些门票吸引当地及周边城市游客采摘，经济收益十分有限。

2015年，新光公司通过与翼龙众筹合作，实行互联网众筹方式，提前对杨梅向准客户进行预售，借用翼龙贷强大的加盟商优势，形成网络汇集的巨大鲜果消费需求群体，在端午杨梅成熟之季，明确当年需求数量，再依托联想控股系的增益供应链的冷链运输，将色泽鲜美、乒乓球大小的新鲜杨梅运输到湖南、浙江、安徽，甚至远销到河北、山西等省，这在之前是不可想象的。正是因为翼龙众筹模式，开辟出新光杨梅全新销售之路。

除此之外，翼龙众筹的收益权众筹又推出新光杨梅树认领计划，该计划覆盖当地200公里之内的地区，锁定江西省翼龙贷加盟商，定点营销周边的小学、幼儿园、托儿所等。家长预付不同额度的认领金之后，就能以孩子的名字认领杨梅树，由新光集团颁发林木使用权证；每年家长还可得到免费门票，不仅能与孩子体验采摘杨梅的乐趣，而且还让孩子得到亲近大自然的机会，让一棵树见证

孩子的成长。比如，一棵杨梅树标价1588元，五年经营期，其收益率远高于其他电商农产品项目。此项目一经推出，就得到诸多家长的踊跃认购和好评，后续还结合时令有"八月桂花香"认领计划，让消费者体验自家配制桂花蜜的活动乐趣。

集合新光集团丰富果业资源，翼龙众筹还策划出一年鲜果尝个够的"百果众筹"计划，精选四季具代表性的枇杷、杨梅、猕猴桃、脐橙及新光特色农产品，比如枳壳、油茶和水产等，客户只需提前预付一定金额，并选定产品，就可以在相应季度定时得到新鲜的农产品，并且价格也最为实惠。

不仅如此，翼龙众筹形式也为当地旅游插上了翅膀，新光集团坐落于风景优美的庐山西海湖畔，有着较为丰盛的旅游资源。农产品走出去的同时也吸引外来游客进入，变成良性互动。旅游众筹有度假竹屋、休闲竹屋，每个投资者每年都可自住一月，是人们理想度假观光的好去处。

二、山茶油众筹——追溯农产品从地头到餐桌的生命历程

中国有着浑厚的饮食文化。近年来，餐桌的食品安全问题一直困扰着人们，特别是地沟油事件令人赫然，时至今日，食油安全仍然存在隐患。

翼龙众筹从国人餐桌的食品安全着想，选定的第二个产品众筹项目为湖南湘天华山茶油。这家茶油公司从茶油源头做起，持续8年，创造出"湘天华"有机冷榨山茶油产品系列。通过翼龙众筹平台，把油茶果的培育种植到成熟加工的全过程透明化的上传到网上，消费者可以追溯到每个细节流程。投资消费者在10月看到茶花盛开时，也能观赏到花果同枝、交相辉映的奇观。

历史上，山茶油一直是皇宫贵族的特供产品。相传明朝皇帝朱元璋在作战中用山茶油医治伤口，盛赞山茶油为"御膳奇果汁，益寿茶延年"，此后明清两代五百多年都将山茶油作为皇室贡品。清朝雍正皇帝品尝山茶油后大喜，赋诗称赞"江南油茶润如酥，山珍海味难媲美"。传说慈禧太后与皇宫嫔妃皆用茶油护肤护发，按摩保健。两千多年前中国最古老的神话传说《山海经》和后来的《图经本草》《通志》等古籍详细记载了山茶油生产和发展的历史，绵远悠长，香飘百代！到今天，不论是山茶油的药用价值还是食用价值，可谓不可胜数。山茶油被誉为"油中的黄金"！其营养价值远在橄榄油之上！

湘天华山油茶创始人汪良忠是经济学博士，著名投资银行家，武当道教龙门派第二十五代嫡传弟子。他严格遵循道家修身度人、积德行善的信仰，确定公司的核心价值为求真、求善、求美。坚持做一亩优质山茶林仅能产50斤优质冷轧高品质山油茶。

消费者认领一亩湘天华油茶园，就能保障自家餐桌的食物安全。翼龙众筹看重湘天华山茶油的有机与天然，结合农产品的特色而选定，并深入发掘产品隐形价值，把真正优质的好产品推广给消费者。

翼龙众筹以湘天华山油茶众筹为标杆，让农产品可真正实现按需制作，既解决了食品安全、信息不对称、产销不对称等问题，又能解决流通环节过多的问题，降低成本。对消费者来说，食品安全溯源系统极有吸引力。翼龙贷注重对农产品众筹模式的创新，让消费者与农业生产者深度参与，一旦出现质量问题，消费者都可追溯，实现农场到家庭的新生活方式，这无疑是众筹给消费者带来的福利。

三、绿谷苹果众筹——流水线式农业生产不再是梦想

甘肃静宁绿谷的苹果项目，是一个2000亩矮砧密植的现代化苹果产业园，一位叫李晖的创业者创办而成。这个原本就已经跳出农门的青年却在40岁时回乡种苹果，并且成了他一个梦想。

这个现代化苹果园寄托着李晖这位创业者的中国梦，他自兰州大学核物理专业毕业，在北京拥有自己的公司，之所以突然种苹果，是因为意大利的现代化苹果栽培管理模式令他眼界大开。目前，李晖已经投资3000多万元，建成了共7500亩的四个现代化苹果种植基地和一个500亩的高新苹果育苗基地。产业园中果树树形很少，修剪省时省力，老年人也能管理，采用国内最优良脱毒苗木，品种纯正，挂果较快，结合静宁县地处山区，海拔高、光照充足、昼夜温差大、环境无污染的自然优势，生产的优质苹果在市场上十分走俏，生产出的苹果口感一流，作为"有机、特色"农产品更是远销伊朗、俄罗斯、沙特等国外。

翼龙众筹助力李晖培育出全球最优质的苹果。翼龙众筹根据绿谷公司产品、技术及发展规划、账务状况、融资用途、风险评估的多方面综合考量，严格缜密制订股权融资方案，最终按投资比例给予投资者不同回报，包括提供当地景点浏览、苹果品尝采摘等。翼龙众筹采用股权众筹方式使得静宁绿谷苹果项目迅速得到了线上融资，预计苹果种植园将达到上万亩的规模。甘肃绿谷公司通过收购静宁苹果进行销售，已和家乐福、果蔬好等超市建立了合作关系，并达成长期合作意向，而且已形成30年完善的经销商在地头收购，然后供给批发市场或者商超的传统销售体系，再与翼龙众筹方式相融合，对苹果产品进行有效的品牌宣传和产品销售。

从长远的业务规划看，翼龙众筹是站在农业上市公司并购交易

的角度，孵化农业股权众筹项目，建立有针对性、全方位、全生命周期的综合投融资服务。翼龙产品众筹形成优选生鲜O2O品牌，带动地方农民就业，建立F2F（Farm to Family）颠覆式创新渠道，而股权众筹设置股权+现金分红+实物回报的创新型回报模式，为优势农业产业链上的公司+农户提供投贷结合的新型金融服务。对于农民增收、食品安全、"三农"发展都起到不可忽视的作用。

翼龙众筹未来的业务创新方向就是规划农业众筹。所谓农业众筹是发生在农业育种、农产品流通、生态农场、农业机械、生物肥料以及农业科技、农业金融等整个农业系统环节中，它的日渐完善和健全，关系到"生产到餐桌"的各个环节把控。而翼龙众筹的创新之路才初露苗头，不管是之前的杨梅与油茶，还是后续的贡梨与锡林郭勒的羊，翼龙众筹始终不懈挖掘农业市场的潜在价值，走一条可持续发展之路。即以长尾力量，发觉社会一切皆有可能力量，把这些力量汇聚起来，做一件以往不敢想象之事。

图19-1　贡梨众筹项目

图19-2　锡林郭勒绵羊认养众筹项目

点评

　　"颠覆"是互联网业内的热词，翼龙贷作为一个新兴崛起的众筹平台，用实际行动对"颠覆"作了很好的诠释。传统的农产品生命轨迹是：生产—分销（配送）—销售（批发和零售）—消费，其间存在能否成功卖出去的市场风险、有价格波动大的风险、有大量物流损耗的风险、有环节过多导致的成本风险和安全风险，不一而足；翼龙贷通过众筹平台，形成了销售（众筹）—生产—配送—消费的崭新生命历程，根本性颠覆了农业生产经营的传统模式，极大降低了长期困扰我们的众多风险。从翼龙众筹的几个项目中，我们对互联网"颠覆"有了全新的理解：

　　一、颠覆是面对根深蒂固的传统和习惯，具有质疑的勇气和挑战精神。翼龙贷众筹的本质是对传统农业的摒弃，进而提出全新商业逻辑。在"互联网金融+农业"的商业模式下，营造一个帮助小型创业团队筹集资金、积累粉丝客户、进行品牌宣传和前期市场测试的创业环境，同时，通过众筹的方式锁定销量，提前预售，更好地保障农民的利益。

二、颠覆体现了创业者对电商要素把控的自信和能力。翼龙众筹不仅做农产品项目的产品众筹，而且还做农产品项目股权众筹，静宁绿谷苹果项目就是典型的股权众筹案例；翼龙众筹通过互联网金融的资源优势，推动农产品众筹与股权众筹形成产业链，线上线下相结合，将农业生产经营的各要素有机地整合在众筹平台上。

三、颠覆者具有一种看得见未来的能力。颠覆者正在进行的事业往往是探索性的，但是，他们大多对事业的未来具有透彻的理解。翼龙众筹公司以农产品众筹为依托，农产品电商平台为渠道，借助互联网金融，开辟出"农产品电商运营+互联网金融"的业务模式，形成"产品众筹+股权众筹+债权众筹+产业基金"的运作链条，提供了商业模式的新思路；在不久的将来，翼龙众筹将要参与农业上市公司并购，孵化农业全产业链众筹项目，建立全生命周期的综合投融资服务。通过产品众筹与股权众筹的有效链接，形成优选生鲜O2O品牌，架设F2F创新渠道，以创新型回报模式，为优势农业产业链条的公司与农户提供新型金融服务。毋庸置疑，翼龙贷一定是看到了农业众筹是一个巨大的蓝海市场。

20 中国网库：
专注单品深耕农产品新通路

1999年创立的中国网库，是基于单品供应链的电子商务平台服务商。经过多年的发展，形成了单品网、单品通、微单品、单品产业带、电商人才培训等核心业务为一体的电子商务服务生态系统。目前，中国网库已搭建1200多个单品电子商务交易平台，在全国近70个城市设立了区域运营中心，超过4700人直接服务各地中小微企业。中国网库打造的百城实体电商产业园（电商谷）、千品万商孵化聚集区、O2O落地服务等重大项目工程，为中小微实体企业实现"互联网+"提供了强力助推。

农产品网上营销是中国电子商务市场最大的蓝海。但是，农产品电子商务作为高风险、高投入的行业，让众多电商企业在现实中碰得头破血流。中国网库在理智研判农产品市场内在运行规律的基础上，提出了以农产品单品为突破口，借助单品通这一单品交易平台，推出以农产品单品网上批发、分销为主的单品营销交易工具，帮助涉农企业聚焦优势产品，促进农产品网上贸易。单品通平台通过对某个单品或单品系列的重点包装和营销推广，迅速地提升该单品的销售转化率，同时促进其他产品的销售和品牌知名度的提升。

单品通平台的构建，体现了中国网库对农产品市场、对消费者的透彻理解。中国网库做过这样有趣的实验，研究人员摆出一系列昂贵的果酱，向消费者提供试吃机会，同时发给每个人折扣券，让他们可以低于市场的价格购买。实验分两个组进行，第一组有6款果酱，另一组有24款果酱，全部都可以任意购买。最后研究者发现，第一组有30%的试吃者选择购买了果酱；而提供24款果酱的组中，只有3%的人选择购买。这一发现让中国网库得出一个结论，在商品品类营销中，商品的选择成本决定了消费者购买的几率。品类越多，消费者的选择成本越高，成交的成功率反而降低。

单品通在规划专注农产品单品核心功能的开发与优化，提供了单品营销专卖店、多种B2B交易方式、询价和报价功能、后台管理功能、移动营销单品网站、自动数据分析功能、商机自动匹配功能、即时在线沟通工具等八大核心功能。同时整合了权威认证、金融、营销推广、电商培训等多项增值

图20-1　中国网库总部

服务，从而带动农产品全面有效的品牌推广和单品营销。

中国大蒜交易网是中国网库与山东蒜都农产品物流园有限公司共同打造，旨在通过搭建大蒜产业平台，助推金乡县经济发展。金乡县号称大蒜之乡，大蒜作为金乡享誉世界的单品，一直以来都是金乡县重要的经济增长作物。据中国网库后台数据显示，中国大蒜交易网日均浏览量29360次，仅2015年5月份线上成功交易累计额达460余万元。

图20-2　"网库"的中国大蒜交易网

对金乡蒜企来说，中国大蒜交易网的上线，不仅仅是交易额的提升，更是提供了一个信息交流平台，从而实现抱团发展，不断加强地域优势，打造网络强势品牌。中国大蒜交易网上汇聚了山东蒜都农产品物流园有限公司、金乡县成功果蔬制品有限公司、金乡县欧科亚果蔬有限公司、金乡县金沙滩果蔬有限公司、金乡县恒亚果蔬有限公司、金乡县金土地农产品有限公司、山东宏大食品股份有限公司等一大批金乡县本土企业。这些金乡县蒜企在平台上共享信息、交流经验、贸易往来、合作共赢。此外，大蒜还可以入驻中国网库遍布全国的70多个运营中心，实现全国联展销售。此种联合展览交易模式，相当于在全国近70个地区给金乡县的大蒜创立展销馆，让全国各地的经销商近距离接触到金乡大蒜，迅速把大蒜卖向全国。中国大蒜交易网单品的成功，对金乡的贡米金谷、红花斑山、金贵小磨香油药等特色单品产生积极示范效应，形成了金乡县特产农产品带状发展的效果。中国大蒜交易网的优势在于聚焦一个单品，围绕一个单品集中力量，攻其一点开展营销，同时集中资源，打造一个大单品，然后通过大单品带动相连产品群的销售，突破多品共进、资源分散的市场瓶颈，帮助涉农企业打造明星产品，进而促进其他农产品的销售和整体品牌知名度的提升。

单品通的核心技术组成包括：1.单品网上批发工具。涉农企业利用单品通进行网上批发分销，在交易功能上提供了单品批发、代理分销、加工定制、库存清仓等多种交易形式，满足企业的各种交易需求；在支付方式上实现了银联、支付宝等担保支付工具，保证在线支付的安全性；打造了安全通畅的网上单品批发交易的过程。2.单品采购中心。单品通在功能规划实现了"买家即卖家"的管理系统，不只帮助企业进行单品批发，同时针对企业的常规采购、紧急采购、大额采购、临时采购等众多采购需求实现一站式的采购服务，帮助企业节约采购成本，提高采购效率。3.单品品牌推广中心。通过单品通对企业的优势单品进行包装销售，对产品的亮点及核心价值进行深度提炼，打造品牌新概念；采用第三方权威认证机构对企业进行认证，提高企业诚信度，塑造企业专业的品牌形象；在中国网库平台及数千个单品交易平台进行全面推广，提高企业品牌的影响力。

在单品通平台上，农产品的营销历程是：1.涉农企业需要选择并确定具有优势网上专供单品，由中国网库深度提炼农产品的卖点(例如，产品设计理念、产品的质量、产品的工艺、产品的文宣策划、客户体验报告、推荐购买理由、第三方权威认证等都是在综合考虑范围内)，这是提升单品转换率的秘密武器，并在产品图片拍摄时需根据所提炼的卖点，做好商品主图及细节图的拍摄。2.主动报价及采购询价，安排专门销售人员使用平台随时报价；由被动应答为主动询问；只有通过不断地进行报价才能获得更多生意机会。3.有效利用互联网的微信、微博、虚拟社区、虚拟空间等资源，开展无处不在的单品网络推广。4.利用单品通APP开展随时随地的移动电子商务营销，可以随时随地上传核心单品进行电子商务应用，通过手机APP进行分享与推广。

农产品货源质量是B2B电子商务的关键。中国网库在针对这一问题上，给单品通赋予了一个更高的职能，那就是为企业提供五大免费服务。1.企业正品认证，依托网库基地和运营中心，对每一家供应商进行实地考察，确保供应产品的高质量。2.单品在线询报价系统，通过人工专线匹配给采购商推送优质货源，并自由报价，确保为采购商拿到最合适的价格，采购最优质的产品。3.多种在线交易方式为供应商和采购商之间开展安全、灵活交易保驾护航。4.全方位的网络营销推广，为企业赢得商机。5.实现单品通移动应用。2014年12月，中国网库总部及全国50多个电商谷共同举办"首届寻找中国好单品百强"评选大型活动，在全国范围内甄选出100款优质单品，让更多具有地域特色产业、"专精特新"中小企业、地标性产品，在单品通平台上实现产销对接。

"爆款"就是通常说的主打产品或者拳头产品，它是企业收益的主要来源，对企业来说具有举足轻重的地位。诸如可口可乐、加多宝凉茶、蓝月亮洗衣液等，都是其所属企业的爆款，并给企业带来了巨大收益。随着电子商务的兴起，许多企业借助电子商务打造了许多爆款，例如御泥坊、阿芙精油、三只松鼠等淘宝爆款。研究发现，这些单品火爆的速度极快，往往仅几个月就能达到令人咋舌的销售额，由此可见电子商务对爆款产生极大的催化作用。单品通的"爆款"策略有：1.针对企业的优势单品进行包装和推广，对单品的亮点及核心价值进行深度提炼，打造单品品牌新概念，迅速地提升该单品的销售转化率，同时促进其他产品的销售和品牌知名度的提升。2.通过专业的单品模块突出单品优势，喊出单品卖点，充分展示产品细节，清晰地向买家传递单品信息。3.在产品搜索中享受优先排序，在关键词搜索中作为一项指标优先考虑，并带有主打产品标志。4.为产品附上不同的意识形态，通过标签体现出该产品目前的优势特点，产品自身能够附带广告，传达目的性强的信息，与其他产品形成明显区隔，吸引买家的注意力，从而对产品形成有效的宣传，促进交易。

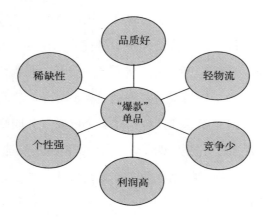

图20-3　"爆款"的特点

 点评

在电商发展模式上，中国网库是个有特点的公司，其所推崇的单品模式，很多人并不一定理解。而中国网库在几大电商巨头白热化的竞争中，悄悄地在全国布局，打开网站就可以发现，它把产品细分市场做得有声有色。

中国网库所讲的单品，实际上是一个单品的产品群，它集聚了这个单品的生产者和购买者。他们认为，对于一个产品群而言，需求是聚焦的，客户群是聚焦的，围绕着产品群的各种服务是聚焦的，所以，细分出一个单品，其实就是在创造一个市场。以这样的理念为指导，中国网库耐心地进行一个品种一个品种的开发，不仅仅在核心技术上开发了自己独有的工具，而且在营销上也形成了自己的模式。在市场营销理论中，细分理论是一个基础理论，可是在电子商务发展中，似乎海量理论更占优势，碎片化资源中的海淘模式因为淘宝的成功而大行其道，但其实电子商务的发展并没有否定市场营销的细分理论，只不过是细分市场有了一种新的表现形式。中国网库的实践，证明垂直细分类平台同样能够把单品做到极致。目前，中国网库作为国内具代表性的垂直平台，已打造近2000个单品交易网，如中国小米交易网、中国猕猴桃交易网、中国方便面交易网等。

总之，中国网库的案例给电商实践者最大的启发是：加大对平台建设、产品选择、营销策略上的垂直细分，在"专"和"精"上多下点功夫，可以让我们集中智慧更好地研究我们所从事的行业，整合优势资源提供更为细微的服务。

21 湖北省供销社：
顶层设计布局农村电商发展

    湖北省位于我国的中部，长江中下游地区，与安徽、湖南、江西、重庆、河南和陕西等六省市接壤，科教文化实力位居全国前列，是国家"中部崛起"战略的支点和中心。省会城市武汉是全国交通航运的枢纽，已形成水路、公路、铁路和航空运输的立体化、多元化运输体系。这里农产品资源丰富，地势多样，既有富庶的鱼米之乡江汉平原，又有特产及旅游资源丰富的大别山、武陵山区。

    湖北省供销社系统组织体系比较健全，企业经营实力较强，基层网点遍布。目前，省社系统辖市（州、林区）级供销合作社17个，县（区、市）级供销合作社86个，基层社696个，基本实现了供销社组织的全覆盖。经营网点18427个，专业合作社1752个，拥有产品注册商标的专业合作社412个，通过有机、绿色、无公害等认证的专业合作社有778个。共有各类法人企业686个，其中省社所属企业71个，市属企业151个，县属企业446个，基层企业18个；有限责任公司400个，股份有限公司65个，股份合作企业25个。商品批发交易市场法人企业75个，拥有农产品批发市场40个，再生资源交易市场67个，农业生产资料市场23个，旧货调剂市场7个，农贸市场13个；连锁企业286个，连锁、配送网点（直营店）9539个，配送中心487个。农业产业化龙头企业109个。 2014年系统购销总额2631.77亿元。销售农副产品431.91亿元，连锁销售额376.03亿元，再生资源回收额118.82亿元。

以上这些天然资源和系统资源，为湖北省社开展农村电子商务奠定了良好的基础。这一方面说明资源是由人来挖掘和创造的，另一方面也说明资源只有被人们充分利用，才能释放出强大的社会效益与经济效益。

近年来，湖北省供销社领导班子顺应电子商务发展态势，瞄准农村电子商务发展潜力，谋划与开拓农村电子商务市场。2010年组建湖北供销裕农电子商务有限公司，定位为全省电子商务运营商和服务商。通过适合农村的信息系统、移动APP打造汇集日用品、农副产品信息流、物流、资金流的涉农电子商务平台，聚合村级综合服务社网点、涉农企业、物流，整合移动运营商、电力、金融、保险等资源，最终形成面向农民、居民的湖北供销"云供销"体系，进一步拓展全国市场，打造跨境电子商务平台。2012年启动村级综合服务社信息化改造，作为农村电商的终端，承载农村电商代购代售、物流代收代发功能，打通农村电商"最后一公里"。荆门市社与京东集团签订合作协议，宜昌、恩施、咸宁、十堰市社及大部分县市区社先后组建电子商务公司，承接线上线下服务。

图21-1　宜昌市供销社依托十八湾电商公司建立的供销电商公司

图21-2　汉川供销社网上便民服务中心

从上可见，作为一个省级供销社，在发展电子商务的过程中，湖北省社注重做好顶层设计。湖北省社的顶层设计具体反映如下方面：一是制定发展规划，二是明确实现路径，三是部署重点任务。

湖北省社的发展规划是，到2020年以村级综合服务社为基础的基层经营网点全面完成信息化改造，出资企业普遍推行电子商务应用，电商交易规模占全省系统销售额的50%以上，构建起以裕农网平台为支撑、县级运营中心为主体、村级综合服务社为终端、各类市场主体广泛参与的全省供销社电子商务经营服务体系。

以推广"裕农网平台、县级运营中心、村级综合服务社+各类市场经营主体（3+N）"模式，着力构造具有湖北特色的"网上供销社"为主要实现路径。在这一推进过程中，充分发挥全省供销社传统产业、经营网点优势，以农村电子商务、农产品电子商务和电子商务"裕农村"创建为重点，围绕农村电子商务市场的开拓试点先行，实施农村创业计划和"千村千品"工程，创建一批农村电子商务示范县、电子商务"裕农村"和农产品电子商务产业园区。

图21-3　湖北供销裕农恩施电商运营中心

将"六个一"工程作为省社农村电子商务发展的重点任务，自上而下地推进农村电子商务发展体系建设。即省级供销社设运营中心（裕农网）、市州供销社建运营体系及配送中心、县市区供销社建立电子商务运营及促进体系、乡镇基层社或中心超市设立乡镇物流中转中心、村级综合服务社建农村电商终端平台，以及建立一个农产品预警监测系统。具体方案如下：

第一，建好一个电商平台。依托省社所属企业裕农公司，规划整合供销社线下庞大的实体网络和其他社会主体的有利资源，构建具备便民业务代办、涉农信息收集发布、农产品网上交易、大数据分析处理、物流智能化调度等功能的全省农村电子商务平台。

农村电子商务平台的重点是通过对接拓展平台的功能。依托裕农网一体化电子商务平台，与全国供销合作社电子商务平台进行对接，实行线上线下全网打通、全网对接、全网运营，实现跨境发展。积极推进各市、县电子商务公司、各类市场主体与裕农网进行产品和平台的对接，提供集电子商务、数据处理、支付结算、品牌运作、产销对接、项目融资、培训引导于一体的开放、规范、互利的农产品全产业链综合服务。加快技术研发、人才储备和品牌营销，申领支付牌照，完善电商功能，确保网络安全。

第二，搭建一个县级运营中心。湖北省社将开展农村电子商务的主体放在县级。通过实施"五建一创"（建龙头、建市场、建平台、建园区、建网络、创品牌），夯实县级发展基础，健全网络体系，特别是通过系统内120家副产品经营企业、1752家农民合作社和1760个农副产品收购网点，带动了全省优势农产品的销售。

县级供销社充分发挥农村电子商务的主体作用，搭建"四位一体"（电商公司、电商协会、运营中心、中转物流）的电商运营构架。围绕电子商务助力"农村创业工程"，组织农民专业合作社、家庭农场、行业协会、农产品批发市场、农业经纪人等市场主体，通过裕农网电商平台或借助第三方电子商务平台开展网上销售。

围绕地方特色实施农产品"千村千品"工程，注重对本地特色网销产品的开发和培育，加强对品牌基地的命名和宣传，塑造品牌，培育"三品一标"（绿色、有机、无公害、地理标志）产品，逐步形成特色网销产品聚集地和产业带。培育发展一批电子商务"裕农村"，村级综合服务社通过裕农网，实施公益性代理服务和建行裕农通普惠金融服务，引导和带动村民开展特色明显、品种聚集、品牌突出、物流配套的网络交易活动。

第三，夯实一个服务终端。村级综合服务社是湖北省布局电商服务终端的重要依托。自2008年联合组织部门启动村级综合服务社建设工作以来，累计发展数量已达20471家，覆盖了全省近80%的行政村。推进村级综合服务社信息化改造和提档升级，完善网上便民服务功能，规范经营服务、考核办法和信用评价体系，实行在线管理。按照村级综合服务社新的"四有"（即有公益性、经营性、电子商务、助农金融服务）标准，制定店面建设规范，承担电商代购代售、快递代收代发和农资商品需求信息、农副土特产品购销信息、物流信息的收集、发布等终端功能。将村级综合服务社与"农民办事不出村"、"美丽乡村"建设、"村村通客车"、农村养老、医疗和农村地区公共取送点建设对接，推进服务创新。

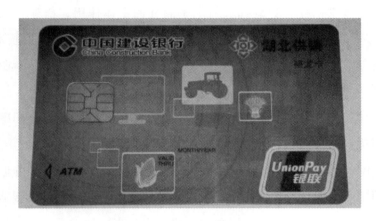

图21-4　湖北供销裕龙卡

　　第四，推广一张助农金融卡。依托村级综合服务社，着力打通金融普惠的"最后一公里"，解决金融服务"村村通"的问题。试点推出了农村金融服务产品——"裕农通"，利用手机移动终端，农村居民足不出村，就可实现小额取款、现金汇款、转账汇款等基础金融服务，同时执行免账户管理费、免收年费、免收开卡工本费、免跨行汇款手续费、免收短信通讯服务费等"五免"措施。业务自2014年10月底开通以来，发展村级金融服务网点860家，实现交易额600多万元。

"裕农通"作为农村金融服务的平台，是通过后台系统改造，将综合服务社业主的建行卡，用移动通讯终端与供销社裕农电商平台和建行业务网络链接。供销社和建行联名推出金融IC卡——湖北供销"裕龙卡"，该卡除具有其他一般银行卡所有的取款、转账、汇款、缴费和余额查询功能外，还有五大惠农特色即免收小额账户管理费、免收两年年费、免收开卡工本费、免收全国（含跨行）汇款手续费和免收短信通服务首年年费。农民手持"裕龙卡"到供销社村级综合服务社金融办理点，通过手机短信确定的方式，在服务社办理各种金融服务。

供销"裕龙卡"取款的操作模式设置简单、便捷，可分为四个步骤完成：第一步农民在服务社金融服务点输入银行卡卡号、签约手机号后四位和取款金额；第二步收到建行95533取款短信验证码后将验证码输入取款点手机；第三步收到建行95533的取款确认短信；第四步双方在取款点登记簿上签字并按手印，交易完成。

供销"裕龙卡"一经推出，就受到市场与客户的积极肯定。一是农户乐于接受，过去农民到最近的银行网点办理业务往返有10公里以上，往返车费至少上10元，现在农民对这种足不出村，操作简单易行的存取款方式非常欢迎；二是服务点反应积极，服务点的店主可以通过建行支付的服务费增加收入，各服务点均积极配合，"服务点+村委会"形成对村民有效的宣传带动作用；三是建行营销热情高，建行通过营销感受到裕农通系统方便，裕龙卡具有吸引力，农民办理业务踊跃，从试点反映的存款交易额远远高于取款交易额的情况，看到了农村市场的巨大潜力，营销激情高涨。在恩施，双堰塘、黄泥塘、核桃坝等电子商务村级服务站面向农村居民办理裕龙卡137张，平台实现交易业务375万元，初步建立"建行裕龙卡+供销电子商务平台+电子渠道结算"的农村金融服务方式。

第五，完善一套配送体系。通过大力实施"新网工程"，加快连锁经营、物流配送等现代流通方式运用，以县域配送中心为龙头、乡镇超市为骨干、村级综合服务社为终端的三级流通网络体系进一步健全，物流配送能力得到提升。县级通过盘活资产自建一批、系统联合共建一批、招商引资合建一批的方式，兴建各类配送中心487个，发展乡镇超市2851个，建设直营连锁、配送网点9539个。这些网络资源通过系统整合，都能够为电子商务平台所用。推进全省新农村现代流通服务网络工程升级提质，健全农资、农副产品、日用消费品、再生资源等经营网络，加快形成连锁化、规模化、品牌化经营服务新格局。加强与交通运输、农业、商务、邮政等部门及其他主要快递物流企业的合作，按照"统筹布局、资源互补、共同开发"的原则，合力推进农村物流基础设施建设，逐步完善以县级配送中心、乡镇物流中转站、村级综合服务社物流服务点三级物流节点为支撑的农村物流网络体系，打通农村电商物流最后一公里。

第六，建立一个预警监测系统。建立农产品质量检验检测和可追溯体系，推行农产品市场、农作物病虫害和土壤环境的监测和预警。通过村级综合服务社网点采集农产品、农业生产资料、农村消费品价格供求信息，进行大数据分析处理，形成和发布价格指数。利用村级综合服务社信息化终端和全省一体化网络体系，设立信息终端采集点和信息发布渠道，建立与全国联网的全省农产品及农业生产资料信息发布系统和预警机制。

点评

这是一个省域农村电子商务发展的案例。在农村电子商务的发展格局中，省显然是一个重要的层级。在国务院办公厅《关于促进农村电子商务加快发展的指导意见》中，特别明确地鼓励供销社发展农村电商。作为一个为农服务的合作经济组织，供销合作社发展农村电商有着得天独厚的实体资源和信誉资源，电商在互联网经济中如何把这些资源转为电子商务的优势，的确需要理智地做好分析，做好顶层设计。所以，规划是必需的，规划不一定保证成功，但一定会使我们在电商的道路走得更远。湖北省社发展农村电子商务从战略、路径、重点工作等方面进行了比较充分的规划，一是在顶层设计的规划方面，层层布局，从省、地（州）市、县市、乡镇到村，工作各有重点。二是在整体工作的部署方面，环环相扣，主体培育、产品整合、网点建设、物流配送、金融支持以及预警监测等等。三是在平台的建立方面，各具特色，有以裕农网为主搭建的省级平台，也有各地方的自建平台，以及借助第三方平台等多种形式。其实，无论是省，还是县，在发展农村电商的过程中首先都应该做好规划，切忌头脑发热一哄而起，也不能叶公好龙踌躇不前。

规划是市场分析和战略研判的过程，通过规划，让我们对市场有一个更准确的认识；让我们对已有的资源，包括政策资源、产业资源、品牌资源，有一个更全面的梳理过程；让我们在最不利的环境下，也能挖掘出宝贵的战略机会，在细分市场中找到正确定位。

规划是管理能力提升的最好手段。好的规划是全员共同参与、汇聚集体的智慧一起完成的。这个过程有分享、有争议、有讨论、有交流，但最后会达成一个目标的共同行动意愿，这样的规划意味着成功了一半，这就是规划赋予管理的魅力。

　　规划是规避风险的保障。应当说，电子商务市场充满了诸多风险，而规划在战略、路径、模式选择、实施步骤、融资渠道、团队建设及财务风险等方面均作了最坏的推演和模拟。于是，当灾难真的降临时，我们早已按照事先的筹划，有步骤地开始逃生了。

　　我们期待湖北省供销社的规划结出美丽的硕果。

22 城乡通：
大别山电子商务的链接策略

链接是互联网带给这个世界的根本性变革。通过技术的变革，产品与市场的链接通道、产业要素之间的链接方式以及产销对接关系体系等都可以从地面转向空中、从有形变为无形、从实体走向虚拟。与此相适应，经济发展中空间限制没有了，时间限制没有了，产品壁垒、市场壁垒、政策壁垒诸多制约发展的因素逐渐弱化。因此，在互联网即链接的经济背景下，一切皆有可能。

湖北省黄冈市英山县版图面积1449平方公里，这里农副产品资源丰富，是我国著名的茶叶之乡、丝绸之乡、药材之乡，也是华中地区著名的旅游胜地。但是，英山县地处大别山区，是鄂豫皖三省边境的腹地，具有典型的边远山区经济特点。英山县下辖3乡8镇，309个行政村，总人口40.5万，农业人口比例大，经济体量小的劣势非常突出。在这样的条件下，怎样将大山中的资源开发利用，让城里人享受到原生态的生活，让山里人过上富裕的生活？英山县通过一系列链接策略，创出一条山区电子商务的发展道路。

策略一：打破行政性隔阂，展开跨部门间的链接

英山县委县政府对发展农村电子商务高度重视，带头推进。县里多次召开动员会和推进会，书记主持，县长作报告，成立了由县长担任组长的推进电子商务工作领导小组，并且每个月要组织召开领导小组协调会。在"一把手"的重视和亲自过问下，县里将闲置的第三中学场地，无偿用于建设电商创业园，加上原有3000平方米的电商孵化器，在商务局与供销社的共同努力下，建设成为农村电商县级运营中心和电商集聚区，已入驻各类电商企业109家，电商创客67人。另外，成立了"英山县电子商务公共服务中心"，通过购买第三方专家公司服务的形式，对入驻企业实行"手把手地教、一对一地指导"，初步形成了"以城带乡、城乡一体"的电商从业创业的良好氛围。

县政府通过制定扶持政策，持续推进电商发展。2014年3月份，县里出台了《英山县促进电子商务发展扶持政策》，县政府设立1千万元的电子商务发展专项资金，明确规定在资金、政策等方面对传统企业向电商转型、电商创业等方面给予全方位支持。其中对每个农村电商服务站给予5千元补贴，对农村物流配送给予每单补助1元钱。通过政策引领，增强了各类电商企业、电商从业人员的信心，也解决了他们在转型、创业过程的难题。

跨部门合作链接是重头戏。在农村电子商务发展的过程中，有些地方存在着这样的说法，商务部门是裁判员，供销社是运动员。但是，在英山当地却不这么看，他们认为在推进农村电子商务工作上，供销部门也是政府的一级组织机构，同时又具有企业背景与经济组织属性，担负着发展地方经济，改善民生的重任。所以，从农村电商发展之初，供销、商务便达成共识，联手行动，依托双方在农村的商贸网络，整合已有资源，整体规划文件方案，共同向政府领导汇报工作进展情况，协商解决发展问题，避免了重复建设与资源浪费。此外，推进电子商务工作过程中还涉及其他众多部门，农产品体系建设需要农业、质监、药食监等部门大力配合；物流配送需要交通物流部门、邮政部门以及社会物流企业通力协调配合等等。在供销与商务部门的带动下，县里各部门间形成合力，共同促进该县电商发展。

有了政策与领导的鼎力支持，部门联手协同发展的机制，鼓足了英山县发展农村电子商务的士气。县供销社与商务局开始派员一同赴浙江遂昌、龙游、桐庐及陕西武功县等地考察学习，在总结各地农村电商先进经验的基础上，于2014年10月由英山县供销社与本土电商企业湖北虹腾网络科技有限公司共同出资100万元，其中供销社入股35%，筹建湖北供销城乡通电子商务有限公司，打造出"城乡通"农村电商平台，通过百度搜索便可直接进入平台网站，活跃用户不断增加，网站流量持续走高。

策略二：突破平台界限，实施全网链接

"城乡通"平台是一个集交易与服务的综合性平台，共设置了8个板块，目前已经开通了"网络购物""本地商城"等5个板块。其中"网络购物"板块，不拘一格地引入了1号店、淘宝、天猫、苏宁、京东等电商，消费者在进入"城乡通"后，可以直接链接到上述网站购物；"本地商城"旨在推介本地企业的特色名优产品。目前供销社的日用品公司、烟花爆竹公司、农资公司，以及当地的民营家电企业、特色产品企业等，如"大别山宝"农特产品、"怡莲阳光"丝绸均已免费入驻本地商城；"村头集市"是一个类地方馆特色的板块，将英山本地的名特优鲜农产品进行集中展示与销售，遴选六家生产基地进入村头集市，汇集了包括茶叶、鸡蛋、蜂蜜等近百个品种；"欢乐农场"板块主打"体验当农民的快乐"，提供吃、住、游、玩农家乐，目标是将英山县周边的黄冈市、武汉市乃至全国的游客，吸引到旅游资源丰富的大别山区；"进村攻略"板块链接了虹腾科技公司的虹腾网，打出一张亲情牌，即全球英山人的网上家园。另外，"教育医疗"板块的设计初衷是，通过提供网上家教、远程教育等，为农村留守孩子提供的教育帮助；针对看病难的问题将引入挂号、医疗咨询等医疗服务；"社区需求"板块将提供社区居民所需的生活服务，如家政、缴费等；"最美乡村"板块未来将定位在旅游资源开发与旅游信息服务，以及为农服务政策等方面。

策略三：打破空间限制，推动城乡双向流通的有效链接

"城乡通"平台通过产品通、信息通和情感通，实现"工业产品下乡、农产品进城"；"买全国、卖全国"，"城乡通、通城乡"的通道，链接至湖北省供销系统"裕农网"电商平台和全国供销总社的"供销e家"平台。

在"城乡通"县级运营中心建设的过程中，英山县的城镇和村级电商服务站也在着手建设（见图22-1）。村级服务站通过省级专项资金投入，分为新建和改建两种。每个新建服务站投入7000元，主要用于电脑、显示器添置，及门头标识制作；每个改建服务站投入3000元，除去门头标识制作外，根据情况添置必要设备。建成的1个城镇级服务运营中心，35个村级服务站，月交易额已达到50万元。

"城乡通"模式结构图

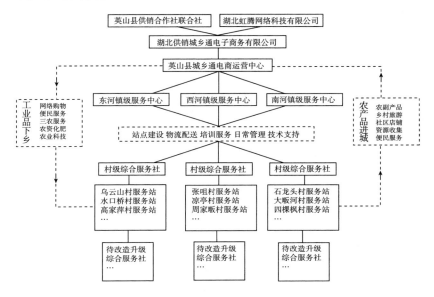

图22-1　城乡链接结构

　　城镇服务中心在整个电商运营体系中起到了承上启下的作用，如同在县级运营中心与村级服务站之间架起了一座桥梁，这座桥梁的最主要功能就是解决物流配送问题。为了实现物流配送的最后0.5公里，英山县在规划"城乡通"农村电商模式的时候，主动与中国邮政联系，将邮政系统的"村邮服务站"与"城乡通"村级服务站业务进行整合，依托中国邮政物流配送网络，政府适当给予物流补贴，同时通过整合网格管理员、村级服务站站长、村村通驾驶员等村级服务人员，实现包裹进村入户的目标。此外，为了解决一些特殊邮件，如有急需或邮政、村村通客车难以到达的地方，"城乡通"还采取了自建物流的方式予以补充，准备了3辆箱式货车、2辆面包车和12辆三轮车。乡镇服务中心同时担负着收集农村产品资源、信息资源和数据资源的职能，积极开发农村的返乡创业者、培养农村合伙人。服务中心在提供物流配送服务的过程中也为村级服务站的运营提供技术和市场支持及管理督导。

村级服务站是"城乡通"平台设在农村实现线上与线下交易的站点，也是为农服务的前哨站，农村资源开发的一线作战小分队。在项目建设一期，主要服务包括帮助村民实现网上代买，代收发快递，村民来店缴费，通过建行"裕龙卡"办理银行业务等（见图22-2）。

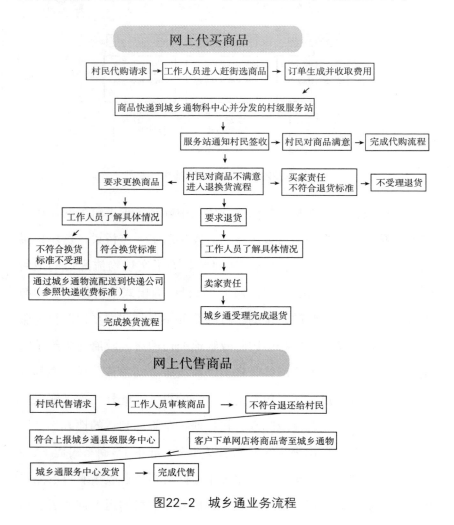

图22-2　城乡通业务流程

电子商务对英山县产业发展的促进作用初步呈现，到2015年6月底，县电子商务全产业链值（包括物流、包装等）2.8亿元，其中网上交易额1.3亿元。由供销社参股的茶业企业湖北团黄贡茶有限公司，自3月份天猫店上线以来，不到3个月的时间，累计销售30万元。

策略四：突破智力限制，实施人才培育与人才开发的无缝链接

在农村开展电子商务，人才紧缺是普遍现象。为此，由商务局、供销社牵头，联合县劳动就业局、团委、妇联等部门，聘请专业师资，开设电商扫盲班11期、初级电商技能班20期、高级电商技能班15期，分对象、分层次、分乡镇开展培训，特别是电商扫盲班从培训县里四大部门领导开始，分战线对全县党政事业单位实行"剃光头"逐一培训；中高技能班按全县11个乡镇逐一轮训，一年来，累计共培训各类电商人才1200人，其中专题培养农村电商合伙人120人，为建立村级电商服务站、招募村级电商推广员储备了人才，为整体推进农村电子商务工作提供了人才支撑。"城乡通"县级运营中心，每周举行培训，对站长和有意向加入城乡通的创业人员进行电商培训。

策略五：突破思想的限制，不断梳理实践和经验链接的切合点

英山县在推进农村电子商务的过程中，注重经验总结。他们认为在农村发展电子商务，一方面是改善民生，让广大农民享受到城里一样的购物体验；另一方面，更重要的是让本地农产品走出大山，依托电子商务，能直接面向广阔的买方市场，这些成功之处必须坚持。但同时，他们也非常清醒地意识到：创建新体系，创立新模式是一个长期、复杂而且艰巨的宏大工程，非一日之功，不能一步到位，不能一蹴而就。在坚持因地制宜、自主创新的同时，还要把握互联网的开放共享、资源整合的理念精髓。就"城乡通"平台目前的影响力、知名度和实用性而言，还远远不能达到让优质农产品走出去，充分连接城乡资源的目标。因此，在"城乡通"的设计和建设过程中，英山供销社始终坚持"创新务实、开放并包"的理念，充分依托和对接淘宝、京东、苏宁、1号店等平台，依托他们的成熟技术、客户黏度和流量资源，本着弥合线上线下，服务买进卖出，上得头条、下得田间，既有互联网思维又能接地气的服务宗旨，让大山的"宝贝"走向市场，积极推动农产品上线和进城。

"城乡通"服务体系致力于一方面从技术和运营上对接所有电商平台，开放所有的资源，为平台落地、销售渠道下沉提供本地化服务；也用物联网思维和电商市场标准为本地资源进入电商平台制定营销策略乃至产品策略和质量体系、生产流程升级优化。

2015年6月初，英山县人民政府成功与京东集团签订框架协议，依托京东商城进农村项目，借助京东成熟的平台，整合邮政"村邮服务站"、农行"E农管家"等平台，建立综合的村级电商服务平台，打造"城乡通"英山农村电商新模式。

图22-3　城乡通线下社区服务中心

　　英山县已被国家财政部、商务部列入2015年度全国电子商务进农村示范县，被全国供销总社列入供销系统农村电子商务示范县。农村电子商务工作取得了初步成效。供销社将加强与商务部门的密切合作，依照两家一起制定的工作规划，进一步加强沟通与合作，在发展农村电子商务工作上，做到"你中有我、我中有你、不分你我"，共同开创发展农村电商新局面。

点评

　　电子商务的发展就是一个资源和要素链接的艺术。英山县发展农村电商探索出一条通过政府部门联手，形成多方资源整合，共助电商发展的路径。从链接的视角分析，英山做法值得借鉴的有：

　　一、链接需要具备极强的合作意识。去中心化是互联网发展的大趋势，唯有合作才能成就事业。英山县在发展农村电商之路上，采取供销社与商务局携手并进，而非各自为战的做法，避免了资源的极大浪费，有效地起到了政府资源整合的作用，得以在短时间内形成开展电子商务的氛围。

　　二、链接需要具备开放的胸怀。互联网经济本质上讲是开放的经济，需要融合发展的理念。英山县打破平台建设中"孤岛效应"，积极引入第三方平台，有效推进了山区经济与全国经济、工业品与农村市场、农产品与城市消费的链接。

　　三、链接需要挑战极限的勇气。面对不利的发展环境和困难，英山县不回避，不等靠；当取得一定成绩时，不自喜，不自骄，而是在更高的起点规划事业未来。

23 恩施模式：
电商扶贫还需苦练内功

    湖北省恩施土家族苗族自治州，属于国家14个集中连片特困地区之一，武陵山片区的重要组成部分，也是湖北省四大扶贫攻坚主战场之一。到2014年全州还有729个重点贫困村，建档立卡的绝对贫困人口达92万人，占全州人口的1/4，大多数贫困人口集中在深山区、高寒区。那么，是什么原因导致了这里的贫穷？如果有人说是因为资源的匮乏，那可就大错特错了。

    恩施州基本没有工业化生产，植被覆盖率达70%—80%以上，空气新鲜、山清水秀。全州富硒特色农产品基地达到200多万亩，富硒产业总产值达到69.5亿元，占全国富硒产业总值的三分之一以上；恩施的黑猪肉在武汉市场的零售价曾超过100元/斤；像茶叶、野菜、草药等众多的土特产更是漫山遍野。可见，这里农产品资源和旅游资源都十分丰富，所以，资源问题不是导致恩施贫困的原因。长期以来这里交通不便、信息闭塞，制约当地经济发展。但是，目前阻碍恩施发展的交通问题正在逐步得到解决，高速公路四通八达，动车、航空均已开通，因此，下一步脱贫的重点集中在信息的严重不对称上。例如，恩施市一位蔬菜种植大户，在2014年种了300亩青椒，0.5元/斤都没人要，直接亏损40万元，但同时在上海虹桥农贸市场，批发均价在2.5元/斤左右，超市零售更是在7元/斤以上。所以说，如何帮山里人的农产品和旅游资源卖出去，卖个好价钱，才是脱贫致富的关键出路。

一、夯实基础，制定政策

恩施州政府清醒地认识到，必须在2020年实现建成全面小康社会的目标，没有超时限和不达标的例外。脱贫致富难度大，消除绝对贫困任务仍然十分繁重。于是，州政府紧紧抓住农村市场电子商务发展的机遇，利用电子商务打破时空局限，直接沟通供需、聚合远端订单、优化配置资源、发掘潜在价值等优势，开展电子商务扶贫，突破长期以来制约该地区发展的市场狭小、需求不振、相对封闭、价值低估等因素。

从2014年开始全州加快通信信息网络基础设施投资，累计完成投资20亿元，宽带家庭用户达到34.5万户，新建通光纤村729个，总数达到2300个，建制村通光纤率达到91%。新建4G基站1576个，实现了县市城区和乡镇集镇4G网络全覆盖。为推进农村电子商务发展，服务"三农"，推进电商精准扶贫打下了坚实基础。

州政府出台文件确立"电商扶贫、精准扶贫"的政策，明确"政府主导，商务主管，供销主推，市场主体"的发展方针。州扶贫办、供销社和商务局成立推进电商扶贫工程领导小组，领导小组办公室设在州供销社合作指导科，加大组织、协调和指导力度。2015年6月，州扶贫办、供销社和商务局三部门联合发布《关于加快推进电商扶贫工程的实施意见》，将电商扶贫作为一项政府工程、扶贫工程、民生工程推进。

二、找准定位，培育主体

州政府之所以将发展农村电商的工作交给供销社主推，是看到了供销社为农服务的资源优势。恩施州供销社实体网点广布，供销系统已经建成村级综合服务社1700多家，电商平台到2015年底将达到2200家，有利于实现线上线下融合发展。同时，供销社合作经济组织的优势明显，截至2014年年底，全州农民专业合作社总数达到4756家，位居全省前列。其中供销社培育领办的农民专业合作社达254家，拥有打造地方特色农产品的产业基础。

州供销社成为农村电商的主推部门后，制定了《2015年农村电子商务发展实施方案》，明确将供销社定位为一个电子商务发展的组织者、协调员、服务者，而不是一个直接的电商参与主体。他们认为参与的主体应当是企业，为此，提出了培育市场主体的发展思路，使这些市场主体成为通过发展电子商务带领当地农民脱贫致富的引路人。

第一，支持省供销社裕农公司发展壮大为恩施州农村电子商务引导企业。支持省社裕农公司开展电商平台创新和拓展涉农电商业务，提升其一站式便民服务、特色农产品网上销售和日用品网上代购的市场占有率。

第二，支持县市供销社组建县域电子商务公司。各县市供销社要依据自身条件，整合相关资源，组建一个电子商务公司，使之成为县级供销社发展电子商务的重要抓手和依托。各县市电子商务公司负责与全国供销合作社电子商务平台(以下简称全国平台)和省社裕农电商平台进行对接，挖掘和组织本县特色产品，尤其是富硒特色农产品上线交易，并根据全国平台和裕农电商平台的统一要求，负责产品线下包装、物流配送、售后服务等方面工作，成为当地电子商务的运营商。有条件的地方，可建立县域物流分拣配送中心，构建起由县到村的商品物流配送体系，解决长期制约农村电子商务发展"最后一公里"配送问题（见图23-1）。

图23-1 建设中的省裕农公司配送中心

第三，引导农民专业合作社转型升级为专业化农产品电子商务企业。积极引导农产品经营企业、农民专业合作社和农业经纪人、农民种养大户、家庭农场等开展农产品网上销售等业务，探索发展"农户+专业合作社+电子商务平台+消费者"的农产品电子商务新模式，提升恩施州农产品品牌形象，推动传统农业经济转型升级（见图23-2）。

图23-2 农民专业合作社开展电子商务

第四，鼓励农村青年依托电子商务进行创业。2015年州财政拿出20万元资金，县供销社联合团委、科协、妇联等部门，利用相关部门的财政资金，共同实施农村电子商务人才培训工程。该工程以网格员（提供农产品供求信息的人员，每月可以获得政府给予的200—300元的补贴）、村级综合服务社业主、返乡大学毕业生、大学生村官、农村青年致富带头人、返乡创业青年和部分个体经营户为重点，以网上代购、农产品代卖、快递收发、网店管理为主要内容，进行电子商务知识和政策引导的重点培训，切实发挥其在农村电子商务发展中的引领示范作用。例如，某茶叶种植户在参加培训之前，在天猫上开了一个网店，被骗30多万元资金。参加培训后，在供销社的帮助下开了一家淘宝店，开业两个多月交易额已近10万元。她说培训不仅教会了她如何开店，更重要的是树立了她网上销售的信心，今后有培训她还要争取来。还有一位常年的上访户，在看到周围的人因为电商致富后，放弃了上访的念头，开了一家淘宝店在网上做起了生意。

三、搭建平台，服务主体

电子商务市场主体培育的过程，实际也是提供服务的过程。培育产生主体，服务强化主体。犹如一个幼小的生命，不仅要有良好的繁育环境，还要给他提供一个健康的生长环境，方能茁壮成长。恩施州供销社通过搭建各类电商发展服务平台，促进地区电子商务企业的良性发展。

第一，建好恩施州龙凤综合扶贫试点农村电子商务创业示范园。在州和龙凤镇政府的支持下，以龙凤镇一所中学为基础扩建了约3000平方米的综合扶贫试点农村电子商务创业示范园，成为全国总社及湖北省社的农村电子商务试点。该创业示范园具备集网商下单、快递仓储、产品展示、业务培训为一体的农村电子商务综合服务功能。能同时容纳州内200家农民专业合作社、200家网商业主入驻园区。现已有十多家青年创业者和农民专业合作社进驻园区，从事电子商务（见图23-3）。

图23-3　湖北省供销社裕农公司恩施电商运营中心

第二，搭建农村电子商务县级运营中心。以县市电子商务公司为依托，引入专业人才，组建运营团队，搭建一个促进县域电子商务发展的服务平台——电子商务运营服务中心，使之成为当地电子商务的服务商。秉承"先服务后业务"的理念，培育网商和客户，以服务带动相关业务发展。一方面为本地网商提供专业服务，输出技术和提供软硬件支持；另一方面通过人员培训、营销策划、摄影、美工等方面的服务，帮助传统企业电商化。

第三，建成农村电子商务乡镇运营中心。按照基层社、农合会乡镇分会和乡镇电子商务运营中心三位一体的模式，依托乡镇群众办事大厅或闲置厂房，建设集产品展示区、快递收发区、网商工作区、业务培训区为一体的乡镇电子商务运营中心，为当地网商和农村创业青年提供低成本的办公用房、网络通信、培训、摄影、仓储等电商公共服务。

第四，将村级综合服务社改造为农村电子商务服务站，抢占农村电子商务的终端市场和前沿阵地。州供销社与州扶贫办、州商务局在共同推进电商扶贫工程中，在村级电商服务站的选择上，重点向贫困村倾斜，将农村电商发展融入全州精准扶贫工作之中，逐步在所有贫困村建成村级综合服务社和村级电子商务服务站，为贫困群众提供足不出村的一站式服务。重点是有计划地对供销社原有的村级综合服务社进行信息化再次改造，为服务站配备电脑、显示屏，农村电子商务服务站微信公众平台建设，加挂统一标识，使之具备开展农村电子商务的基本条件，在提供便民超市、农资代销等传统服务的基础上，增加网上代买农耕用具、家电、服装、日用品等商品，网上代售农特产品、民俗工艺品等产品，增加网上快递收发、金融转账存取款等新型服务功能。

2015年新建村级电子商务平台600个，到2015年底达到2200个。逐步实现费用代缴及金融转账存取款、网上日用品、农资商品代购、网上农产品代售、快递代收收发等四大服务，满足广大农民群众消费价廉物美的日用品、就地存取款、让农产品卖出好价钱、得到方便快捷的缴费服务的迫切需求。宣恩县李家河乡上洞坪村综合服务社业主说，在裕农电商平台开通以前，农民缴电费要到40里外的李家河集镇上，往返车费需30元。裕农平台开通后，村民在家门口就可交电费和通讯费。2014年上洞坪村综合服务社帮助农民群众代缴各类费用26万余元。恩施山乐电子商务公司是一家专做农村代购的平台企业，其负责人说，一款金满圆JQ-4002智能电饭煲农村超市零售价为238元/台，而网络零售价为158元/台，还不包括给村级电商服务站提成的10个点，价格优势十分明显。农村电商服务站开到家门口，方便了村民，增加了店主的收入（见图23-4）。

图23-4 湖北供销裕农村级农村电子商务服务站

四、全网营销，差异化服务

供销社在清晰定位了自己的位置后，决定突破农产品销售基本上依靠农产品加工企业、经纪人、农民专业合作社等传统的运行模式，确立了"全域电商，全网电商"的农村电子商务发展与营销的思路。所谓"全域电商"，如前所述，即实现从州、县（市）、乡（镇）到村全覆盖的电商发展格局，并且突出每一级发展的着力点；所谓"全网电商"， 引进各类电商平台，以淘宝网、1号店等第三方知名电商平台为主要载体，引导部分农业龙头企业、农民专业合作社开设第三方电商平台旗舰店。

2014年，全州电子商务自主平台、三方电子商务平台和电子商务综合服务平台、网站、网店累计达到2050家，网上交易额近6亿元，农产品网上交易额达2亿元，直接就业人数达3400人。省供销社旗下的裕农电商拥有村级网点1700多个，淘宝恩施馆在宣恩县高罗镇建了10个电商村级服务站。京东商城专门面向农村市场打造的

"京东帮"服务店已在利川市开业。淘实惠、居无忧、集群e家等分别在巴东县、咸丰县、来凤县建成标准体验店。本土电商也呈茁壮成长之势，如中天亿信公司的"硒可商城"、华硒生态园的"小背篓"、巨鑫农业公司的"大山鼎"生活馆、金网运公司的"金网运商城"等，农产品网上交易额逐步增加，市场影响力不断扩大。

与此同时，州供销社也清醒的认识到，农产品并非放到网上销售就可简单获利，还必须有针对区域特点以及农产品特点的营销方式。为此，提出挖掘旅游资源，按照发展名、特、优农产品的发展思路，培育农产品网络销售品牌，创新农产品网络销售模式，形成辐射全国的农产品线上线下的网络销售体系。组织全网电商将贫困村、贫困户的产品直接销售到终端市场，提升全州贫困地区特色产品的附加值。带动当地农产品走出大山，造福山民。

一是形成了基地批发、网上交易、直销配送多层次结合的农产品网络销售模式。依托总社全国平台、省社裕农平台，发展农产品网上批发、大宗交易和产销对接等电子商务业务。借力阿里恩施产业带筹建步伐，建设区域性电商专区，推动特色农产品生产和加工基地，开展农产品网上批发业务。例如，巨鑫农业公司建成"大山鼎"生活馆电子商务平台，通过上述方式，2014年销售额过亿元，出口创汇近600万美元。

二是农产品网络销售品种向原生态方向发展。许多过去不被认识的山野菜，随着人们保健意识的增强，现在放到网上销售，通过对其保健功能及生长环境的介绍，成了畅销品。如恩施市龙凤镇网商向某在淘宝网开设的"恩施土特产总店"，"野油菜"单价卖到45元/斤，就连最熟悉的草根代表"车前草"也在网上卖到50元/斤，2014年销售额达到50万元。农村电商使山野菜变成了致富宝。

三是农产品网络交易线上线下融合发展。恩施市小山村农产品电商公司总经理是恩施州第一位在阿里巴巴开店的网商，主要批发恩施土家腊肉，目前已在全国一、二线城市开设加盟店28家，曾经将恩施腊肉通过网络卖到哈萨克斯坦，2014年销售额过1000万元，交易方式也由原来的支付宝交易变为线下交易，减少了手续费，降低了交易成本。

四是农产品加工企业及农民专业合作社与电商相互抱团发展。如宣恩县有啊电子商务公司与一家韩国泡菜的生产专业合作社签订了长期合作协议，公司免费提供给合作社一层楼办公，2014年网络销售额达500多万元。

五是"互联网+旅游+农产品"成为农产品线上线下销售的典型范本。恩施大峡谷是国内著名的旅游景区，恩施玉露茶将其实体店主要分布在该景区沿线，通过线下的宣传带动线上销售。依托旅游业，借力互联网，用信息化延伸旅游产业链达到销售优质农产品目的，是恩施州农村电子商务发展的又一制高点。屯堡马者网商利用大峡谷景区优势，通过免费停车、免费品茶、免费使用洗手间、免费加水等方式吸引游客，引导其关注微信、QQ，吸纳了5000多名会员，2015年前半年已销售60余万元玉露茶；同时利用交通优势，开办农家乐，为满足不同游客需求，设有家庭房、情侣房和团队房等多种客房，每个客房都设置卫生间，干净整洁，每到节假日他家的客房都是爆满。如今老少三代已经尝到了电子商务给他们带来的甜头，也成为当地有影响力的脱贫致富能人，中央及地方多位领导亲临客栈视察指导，并给予的高度评价。另外，位于大峡谷沿途的花枝山等综合服务站，也是将采用网站和微信销售，将茶叶和旅游服务结合在一起，吸引了众多的游客不仅成为粉丝，更是免费的推广者（见图23-5）。

图23-5　大峡谷沿途农村电子商务服务站

六是探索生鲜农产品网上直销。引导恩施州农民专业合作社与网商合作，采取"网订店取"的方式，开展"网上农产品直销"和"时令农产品预订"活动。即依托第三方网络团购促销平台，发挥村级电子商务服务站的功能，以农产品代卖、预售为主要活动方式，开展季节性特色农产品团购促销活动，促进季节性特色农产品销售。

七是全州农产品网上交易范畴正向酒类、民族工艺品等多个行业扩展。如毕业于孝感学院的大学生小徐在淘宝网开设的"恩施土家寨特产店"专为恩施市龙凤镇"巷子深"酒厂卖本地苞谷酒，年销售额达40万元。宣恩县彭家寨民族工艺品公司生产的绣花鞋、绣花鞋垫通过网络销售，年销售收入200多万元。

五、理顺关系，营造电商发展生态环境

州政府明确把县域农村电子商务发展工作交给供销社牵头主推，是政府对供销社的信任。因此，供销社积极配合州政府的电商扶贫的发展政策，随时向州政府汇报工作进展，努力争取项目发展资金，主

动参与县域电子商务产业园项目建设。

州商务局是电子商务的主管部门，供销社为农村电子商务的主推单位，都是开展农村电子商务的国家队，二者属于裁判员和教练员的关系，供销社要积极取得商务部门的支持，主动参与农村电子商务示范县、电商产业园等重大项目建设，为县域农村电子商务的发展提供有力保障。

与州交通局、邮政部门及社会上的快递公司联手解决农村物流。网上代购与代售被农民接收的同时，物流便成为线上与线下连接的重要环节。湖北经济学院教授陶君成到恩施市就农村物流进行调研时，发现至少有30%车辆处于空跑和闲置状态，指出当前农村物流最大的问题不是缺乏运输工具，而是缺少农村物流资源的组织者和整合者。另外，州内设有快递业务的乡镇已达100%，但从镇到村的快递业务基本为空白。为此，州供销社与州交通局联合签发文件，共同推进"村村通"客运班车代运小件快递业务，完善物流快递体系。引导电商企业、村级电子商务服务站与"村村通"客车企业加强协调与配合，开展村村通客车代运小件快递业务，探索解决从乡镇到村的物流快递最后一公里问题。可以说县城的"村村通"客车始发站设在哪里，县级配送中心就设在哪里；乡镇物流中转站，则是利用邮政部门原有的网点设立，或者整合乡镇物流快递公司的形式设置。如龙凤镇以百世汇通快递公司为主，整合了区域内十几家快递公司，成立快递超市，这样使得各家快递公司的包裹可以集中运送到快递超市，之后再通过"村村通"客车转运到村庄。现在，由于"村村通"客车承担了从县城或乡镇到村里包裹的运送工作，按照每趟车5元的车费计算，暂时由村民承担，由"村村通"客车司机和快递公司分享。这样逐步形成了以县级配送中心、乡镇物流中转站、村级综合服务社物流服务点三级物流节点为支撑的农村物流网络体系（见图23-6）。

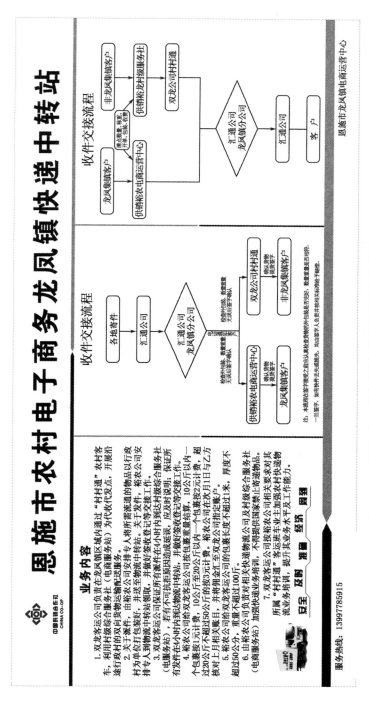

图23-6 "村村通"客运物流服务流程图

联合建行共同推进金融惠民工程，推广一张助农金融卡。为广大农民群众办理建行供销裕龙卡，推出小额存取款、汇款转账等金融服务全免费的优惠措施，探索建立"建行供销裕龙卡+供销电子商务平台+电子渠道结算"的农村金融服务方式，让农村居民足不出村，就可完成小额取款、缴费、转账、汇款、查询等基本金融服务的办理。

六、电商协会与农合会共同推进

除了借助政府相关部门的力量外，州供销社协调组建农村电子商务协会组织。以电子商务公司、服务平台为基础，联合本地电商企业，在各县市政府支持下，供销社发起成立农村电子商务协会，通过协会引领当地农村电子商务的发展，使供销社成为当地农村电子商务发展的主导力量。协会的主要工作内容为：一是通过组织各类培训，帮扶网商成长，为初学商家、大学生创业等提供网上开店、创业指导；二是整合供应商资源，组织网货，协助专业合作社、家庭农场、种养殖大户等进行产品开发，提高新品开发的成功率；三是规范电子商务服务市场与价格，例如通过与第三方物流公司谈判，降低会员物流成本，同时发挥服务平台优势，为会员提供仓储管理、流通加工、配货、邮件封装、代发货、寄递等一条龙服务。

此外，州供销社还组建县市农合会。把农合会建设作为农产品电子商务网货组织和提高农民组织化程度的重要抓手，通过县、乡农合会，解决农产品标准混乱、数量偏低、品质不齐、品牌不响等问题，还可为农民散户打造统一商标进入线上线下市场销售，把全州农民合作经济组织联合起来共同闯市场。

通过开展电子商务工作，最终落实在电商精准扶贫工程。恩施州供销社构建起以裕农网平台为支撑、县级运营中心为主体、村级综合服务社为终端、各类市场主体广泛参与的全州电子商务扶贫工作体系。恩施州农村电商已经破冰，形成知名电商集体进山，本土电商茁壮成长的良好局面。力争到2017年，50%以上的农民专业合作社、家庭农场和种养殖大户在阿里、供销e家、裕农网等平台上线交易。

 点评

电商扶贫，就是将电子商务纳入扶贫开发工作体系，创新扶贫开发方式。恩施的个案表明，通过电子商务发展，扶贫工作将由过去的救济式扶贫向开发式扶贫转变。由此，我们可以归纳电商扶贫的几个关键词：

一、系统化。扶贫性电子商务与其他电子商务相比，最大的区别是电商扶贫是个系统性工程，政策性强、复杂程度高、涉及面广。因此，只有条块联动，从产业、商业、科技、教育等方面开展电商扶贫，完善电商基础设施，改进对电商的公共服务与管理，完善电商从业者的社会保障，才能实现扶贫目标。恩施州供销社制定的"政府主导，商务主管，供销主推，市场主体"的发展方针，以及整合政府、社会资源打通物流通路的工作思路，都体现了电商扶贫的特殊性质，也是扶贫工作能够顺利开展的前提条件。

二、产业化。必须用产业化的思维进行电商扶贫规划，才能形成多业辐射、成片带动、减困脱贫的新局面。恩施供销社电商发展的许多做法，如支持区域电子商务园区建设，着力培育市场主体，借力交通部门"村村通"客车、邮政部门的乡镇网点，以及社会上快递公司资源，形成县、乡、村三级物流节点，利用湖北省供销社与建行联合发行的"裕龙卡"，连接村级服务站点，提供金融支持，都是从培育区域型产业的角度布局扶贫工作的。

三、差异化。恩施供销社推行的"电商精准扶贫"的基本原则，抓住了电商扶贫的关键，即电商扶贫是一项针对性强的工作，需要根据不同的扶贫对象采取差异化的办法。恩施供销社通过教育培训、资源投入、市场对接、政策支持、提供服务等形式各异的扶贫办法，帮助贫困户直接以电子商务交易实现增收，达到减贫脱贫效果。其中，最典型的案例是某茶叶种植户在天猫上开网店，被骗损失30多万元资金。参加培训后，在供销社的帮助下开了一家淘宝店，开业两个多月交易额已近10万元。

四、特色化。所谓特色，就是根据不同地区特有的资源禀赋开展电子商务，走一条务实可行的发展道路。恩施供销社也清醒地认识到电商扶贫的这一规律，例如他们在开展农产品电子商务中，并非简单地将农产品放到网上销售，而是针对区域特点以及农产品特点，按照发展名、特、优农产品的思路，培育农产品网络销售品牌，组织全网电商将贫困村、贫困户的产品直接销售到终端市场，提升全州贫困地区特色产品的附加值，带动当地农产品走出大山，造福山民。

24 村友电商：

乡村地推团队很接地气

穿行在武陵山区恩施州的小山村里，可以看到蓝底白字的醒目标语，"村友网上买，村友网上卖，村友帮你做买卖"，这是"村友"农村电商地推团队的刷墙宣传活动（见图24-1）。

"村友"是在淘宝网——特色中国·恩施馆孕育而生的湖北本土农村电商O2O项目。2013年3月，几位曾经在外经商，从恩施走出去的年轻人，以他们的创业激情与挑战精神成立了湖北萌族电商有限公司，公司注册资本500万元。2014年2月淘宝中国恩施馆正式上线，致力于将恩施大山里的土特产卖到全国，带动当地农村经济，造福家乡百姓，目

图24-1 "村友"山村刷墙活动

前在淘宝地方特色馆的排名为第16。但同时他们又没有止步于此，2014年10月，公司开始在湖北省恩施州论证和准备工作，12月与该州宣恩县高罗乡签署战略合作协议，开始启动"村友"农村电商O2O项目。

"村友"创立之初即定位于建设"武陵山区的农村电商O2O平台"，"村友"喊出了"我们是村友，村民的朋友"。在这句饱含乡情的口号背后，"村友"所要实现的是通过在农村搭建基于互联网平台和村级实体网点相结合的"工业品下乡，农产品进城"的双向供需流通平台，提供面向农村居民提供快递收发、网上缴费、网上代卖农特产品、网上代买生产资料、生活用品、服装、百货等一站式的综合服务（见图24-2），增强农村经济活力，改善村民生活。

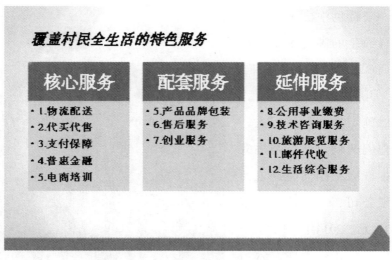

图24-2　覆盖村民全生活的特色服务

那么这些80后甚至90后的年轻人，为什么又能有如此的社会责任感呢？其实，答案很简单。因为，他们中的有些人就是从这片土地上走出去的，深知山民生活的艰辛，更清楚这里的水果蔬菜，这里的风光山水，这里的阳光空气……大山孕育的一切宝藏都可以上线交易。

一、组建一个"三级联动"的地推组织体系

恩施土家族苗族自治州位于湖北省西南端武陵山区，是全国连片重点扶贫区域之一。同时，这里资源丰富，世界第一大峡谷——恩施大峡谷蜿蜒于此，富硒产品占到全国总产量的1/3以上，茶叶、野菜、草药等可谓深藏山中无人识，旅游资源和农产品资源极为丰富。所以，"村友"要搭建一个电商平台，通过城乡资源的互换，提高农民收入，改善城里人的生活品质。

在这样一个山区，和经济发达的平原地区比较，生产条件差，经济规模小，村民文化水平低，现代意识弱，一般每个村庄只有几十户，数百人，而且居住分散，难以形成平原地区集中连片的村落。要在这样的地方建设农村电商平台，通过O2O互动链接上现代互联网，不是一个简单的"互联网+"的问题。所以，"村友"从建立之初即设计了三级组织机构的运营体系，形成各有分工，有机运营的组织架构。即村级电商服务站、乡镇服务中心和县运营服务中心三级服务组织体系，主要满足线下运营的需要（见图24-3）。其中，村级服务站既是销售终端又是农产品上行的起点；乡镇服务中心、县运营服务中心重点解决的是线下连片的任务；县域服务中心同时也是县域电子商务产品营销中心，承载着服务与营销的双体系功能，在操作中呈现的是"服务推动营销，营销带动服务"。县域服务中心功能正在分区设计中，将来办公区、摄影棚、培训厅、孵化器以及创业茶座，产品展示等一应俱全。同时，县域服务中心还要实施对本县乡服务站和村服务点的垂直管理和与县域相关部门、组织、团体的横向联系。

目前，已经建成的宣恩县运营中心，发挥的主要功能有：

1. 梳理、分类并上传本地优质农特产品、旅游服务产品；

2. 选择重点产品，开发电子商务专属包装，制定网络营销方案；

3. 制作县域爆款产品公共数据包(包含产品拍摄，图片处理、页面设计及各种营销素材提炼)；

4. 对接"顺丰优选"、"本来生活"、"沱沱工社"等生鲜垂直电商平台。

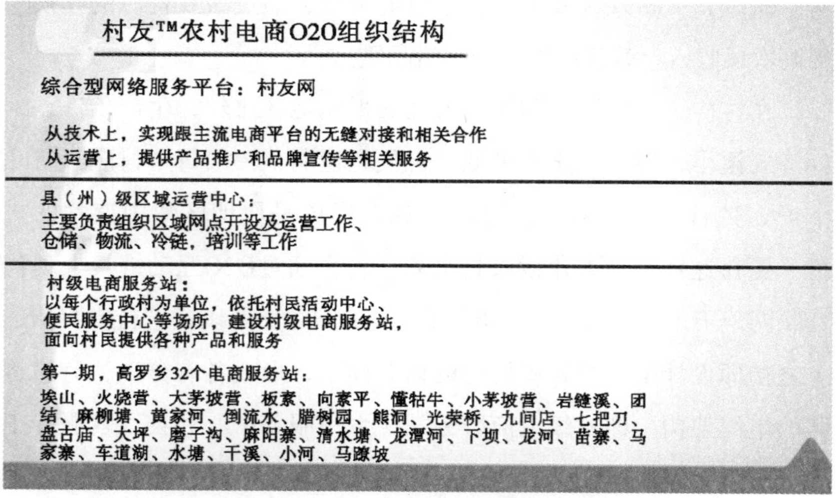

村友™农村电商O2O组织结构

综合型网络服务平台：村友网

从技术上，实现跟主流电商平台的无缝对接和相关合作
从运营上，提供产品推广和品牌宣传等相关服务

县（州）级区域运营中心：
主要负责组织区域网点开设及运营工作、
仓储、物流、冷链，培训等工作

村级电商服务站：
以每个行政村为单位，依托村民活动中心、
便民服务中心等场所，建设村级电商服务站，
面向村民提供各种产品和服务

第一期，高罗乡32个电商服务站：
埃山、火烧营、大茅坡营、板素、向家平、懂牯牛、小茅坡营、岩缝溪、团结、麻柳塘、黄家河、倒流水、腊树园、熊洞、光荣桥、九间店、七把刀、盘古庙、大坪、磨子沟、麻阳寨、清水塘、龙潭河、下坝、龙河、苗寨、马家寨、车道湖、水塘、干溪、小河、马蹄坡

图24-3 "村友"农村电商O2O组织结构

"村友"的线上运营中心设在武汉市，这是"村友"创新的一个跨行政区划，跨市场区域，跨时空界限的，实在操作的"虚拟市场中心"。设在武汉，是因为这里"通衢九省"，是中部的中心。

二、接地气——地推策划活动能否成功的关键词

组织网络的构建并不困难，困难的问题是在于其推广和实施，也就是说如何让一个世世代代生长在大山里的村民，认识抽象的互联网，将互联网实物化，让村民看得见、摸得着、享受得了。"村友"开始启动电脑扫盲活动，自带干粮，自带电脑，走进乡村，与村里娃一起玩电脑游戏，帮学生用电脑做家庭作业，教村妇上电脑选购服装，替村民上网络卖自己的产品……两个月后，大多村民认识了"这个东西"，"村友"电商服务站在这里落地生根。

在宣恩县高罗镇火烧营村，范奶奶家庭制作的霉豆腐，风味独特，醇厚绵长，开胃、下饭，备受村民称赞。但是由于没有包装、没有食品生产许可，范奶奶的霉豆腐只能逢场（赶集日），背上一小坛，摆地摊卖。"村友"电商服务站进村，帮助范奶奶定制了包装，办理了小作坊生产许可证，还在网上开发了专门介绍页面，通过服务站发送邮政速递，家住深圳市的××集团老总，从网上买到范奶奶的霉豆腐，吃了后大加赞赏，还专门让秘书给"村友"服务站打来电话表示感谢。深山火烧营村范奶奶的霉豆腐，从此摆上了都市高端人士的餐桌，自然价格也升了起来。正是通过一个个具体事件，让村民感受到互联网贴身的温暖，让村民获得了实实在在的利益。互联网在村民眼里成了一个可以"发财的东西"。接受互联网，支持服务站，也就顺理成章，不言而喻了。

2015年1月"村友"的首个村级服务站麻阳寨村完成，同时开始建设乡镇物流集散点，6月底完成32个村级服务站。

三、地推服务——农民需要的是实惠和干货

"村友"村级服务站的设立也是有标准有规划的。一方面要具备设站的硬件条件，从布点策划上，这些乡村的互联网基础设施已经具备，高速运输条件便利，该村具有多品种、小批量农产品的汇集功能，如原本就有小型超市或集市，稍加改造便可利用。另一方面则是设站的软件条件，一般选取在当地有一定经商背景、经营能力的人，"村友"与投资人签订协议采用合伙人形式投资创办。投资的主体是合伙的店主，另由"村友"背书，争取乡政府或其他政府部门、社会团体支持提供1万多元的专项资金支持，用于添置电脑、显示屏等设施，为服务站引进"网上代买、网上代卖、网上缴费、票务服务、生活服务、快递服务、金融服务和电商服务"等业务服务。服务站设立后，"村友"团队派出驻点专员(电商运营辅导员)，对店主或雇员进行"一对一""面对面""手把手"的上网操作辅导。直到服务站能独立、熟练进行各种线上操作。在服务站取得明显高于以往的经济效益后，"村友"电商服务站正式挂牌。例如2015年1月"村友"的首个村级服务站麻阳寨村建成，这个站原来是一家建材销售店，在"村友"的帮助下，逐步取消了建材销售业务，店主加入"村友"平台，现在每月的交易额比原来增加了几千元以上（见图24-4）。村级服务站店主的增收，主要来源于服务站的各项业务收入（见图24-5）。

图24-4　"村友"的首个村级服务站

首先，提供快递进村服务。面对快递不进村的问题，"村友"县运营服务中心联合邮政速递EMS，接上干线物流，再发动各村"村友"服务站合伙人利用"村村通"班车，将快递服务高效低成本延伸到各村"村友"电商服务站。例如，邮政速递恩施州分公司合作建设"恩施州电子商务物流中心仓"，中心仓建成后，发挥了以下作用：一是集中恩施货仓储；二是降低恩施网货物流成本；三是增加恩施网货品类数量；四是提高恩施网商选品和分销能力。

村友流水账
村民网购习惯快速形成-板寮村

- 村友板寮村电商服务站：
- 网上代购启动日期：2015年2月1日
- 累计代购总额：4696.72元
- 累计代购次数：30
- 累计服务村民人次：25
- 代购商品种：食品、话费、毛衣、打底裤、大衣、白酒、睡衣、鞋、新生儿帽子、衣柜、钓鱼竿、婴儿推车、洗衣机，香水、老人手机

图24-5 "村友"店主的流水账

其次，通过与中国农业银行的合作，提供金融服务。具体做法是，将社会保障卡便民服务点设在服务站内，方便了村民领取社保资金，免去了进城里银行坐车、排队之苦。在高罗镇代办点，开业不到2个月的时间，村民已经领取社保资金汇集有17万

元左右，服务站按照5‰的比例从银行获得手续费，可以收取约6000元。

再次，为村民提供代买服务。"村友"的代买服务，采取线上多头的方式实现，即"全渠道多平台战略"（见图24-6）。"村友"以合作协议形式，并通过线上服务中心，链接了淘宝、京东、一号店等多家大型电商平台，这种做法能够保障代购货源充裕，实现物美价廉和品质保障。例如，有一位村民要买一辆代步车，他在城里看到的价格要2000多元，而服务站通过网购1800多元就帮他买到了，结果是农民得到实惠，店主通过商家返点得到利益。此外，"村友"还与生产厂家合作，直接从厂家向服务站发货，减少中间环节，进一步增强了价格优势和品质保障。

最后，"村友"的代卖服务。代卖服务就是要帮助村民将农特产品通过"村友"的平台以及"村友"全渠道多平台的营销战略卖出去（见图24-6）。正如"村友"的创始人萌族电商的CEO胡友三所说，贫困乡村生产产品的批量小，生产地点多，运输线路长，一个小产品，搬来运去，"豆腐盘成肉价钱"，这是这造成乡村贫困的一个重要原因。

现在，"村友"通过互联网将市场千差万别的需求信息进行归并整理。采用线上多头的全渠道多平台营销战略，将"村友"的线上服务中心，与淘宝，京东，一号店等多家大型电商平台无缝链接，通过打造地域性单品爆款的方式，使乡村微小电商网店，更容易开店，更方便经营，更能够发展（见图24-7）。

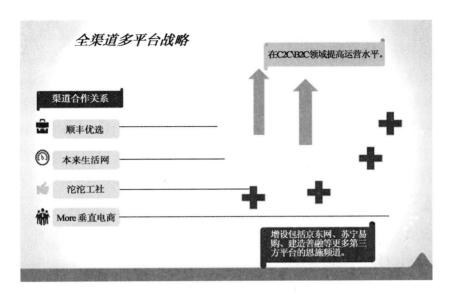

图24-6　"村友"的全渠道多平台战略

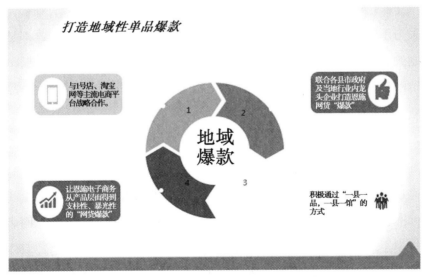

图24-7　"村友"的营销策略：打造地域单品爆款

同时，通过"村友"服务站对接到每一个生产家庭。直接追溯到每一垄田，每一棵树，每一窝鸡，每一只猪身上。让都市人们吃到"放心肉""生态菜"。仍然是多品种，仍然是小批量，仍然是长线路，却因为"村友"电商服务站的线下汇集，线上连接，满足了市场的多样化需求，实现了市场的精准化营销，使"豆腐卖成肉价钱"。"村友"麻阳火烧营村站，已经将散养土鸡蛋直供到深圳罗湖各社区，受到社区居民的热情追捧，"豆腐卖成肉价钱"。有了上述成功营销本地农特产品经验的鼓舞，增强了"村友"发展农村电商O2O的信心，下一步打算与都市社区电商O2O全面对接"打亲家"(结姻亲)，从而实现养老养生，休闲度假会员制；农产品家庭预定制和禽畜个人领养制。让深山里的村民得到都市的惠顾，让都市的居民得到大山的哺育，打造农村—城市电子商务生态系统。

四、地面运营团队为打造农产品品牌保驾护航

农产品卖难是长期以来困扰农村经济发展、农民致富的难题，渠道不畅、信息不灵，缺乏标准化、品牌化、规模化等因素，都是制约其发展的突出问题。"村友"在明确了营销渠道与战略之后，清醒地认识到只有好的产品，才是持续经营的基础，因此又在产品质量、包装等方面下功夫。

"村友"充分发挥其线下乡（镇）级和县级运营中心的作用。首先，面对家庭作坊的食品生产安全问题，"村友"乡镇服务中心通过租借闲置厂房，办起平台工厂，解决了灭菌消毒，安全卫生和标准包装。第二，针对贫困地区电商网店发展专业水平不够，网店规模小、实力弱的问题，县域服务中心发挥专业服务与营销"双体系"功能作用。"村友"网上形象包装，特别强调和重视县域运营服务中心的网上形象、视觉整体设计的专业功能。整体创意CIS建设，涉及VI、BI、MI及执行层面的摄影和包装。如前所述，县级运营中心担负服务与营销的双重功能。

人才培养是农村电商能常胜不衰的关键。"村友"通过争取州、县两级政府启动"电子商务公共服务中心"项目，提供公共服务，投入核心力量运营人才培养项目，服务和培训广大电子商务从业和创业人员，为B2B / C2C / B2C领域先行项目输送急需人才。引进电商机构，为企业高层、营销人员等不同的对象，开设管理、营销等多方面的培训课程。面对培训无经费问题，"村友"借助就业局、共青团、妇联、残联等部门的力量，将它们的各种培训会都办成电商培训会。同时，还与大学、技校联合组织"电商大赛"，实施就业实践。

"村友"认识到，服务点要增加自身的收益，必须要发展对村民的服务；农村电商要做强做大，必须依赖农村经济的更大发展。村级服务站犹如一个内部闭环电路，其中既有村民个人利益的串联，也有大众利益的并联，但都不能短路。这就要求在村支部、村委会的领导下，服务点要与村民一起，设计好服务运行规则，并加以密封。此外，发展当地经济，是农村各级政府的基本职能。怎样当好政府履行职能的抓手，也是农村电商的工作要务。"村友"平台服务系统，不论在乡在镇，直至县、州、省，都始终坚持将自己置于各级政府的领导之下，为村民封装互联网的"芯片"，提高电商意识；与政府的公共服务粘结成"模块"，发挥政府功能。

当大多数村民对互联网有了基本认识和初步感受后，"村友"村级电商服务站的示范作用就显得更加重要了。由于村服务站本来就是村民打油买醋、休闲聊天的聚会之处。通过"村友"的游戏互动，视频通话，自然会吸引更多的人，滞留更长的时间。这样网上买卖，由新奇变成自然。于是，有人按图索骥，有人依瓢画葫，一股尝试创新，勇于创业之风便悄然形成。借助这一发展势头，"村友"计划在2016年将村级服务站逐步推广到全州和全省其他地区。

下一步,"村友"还将推出"村友贷"农村互联网金融服务。其业务模式与服务产品已初见雏形。

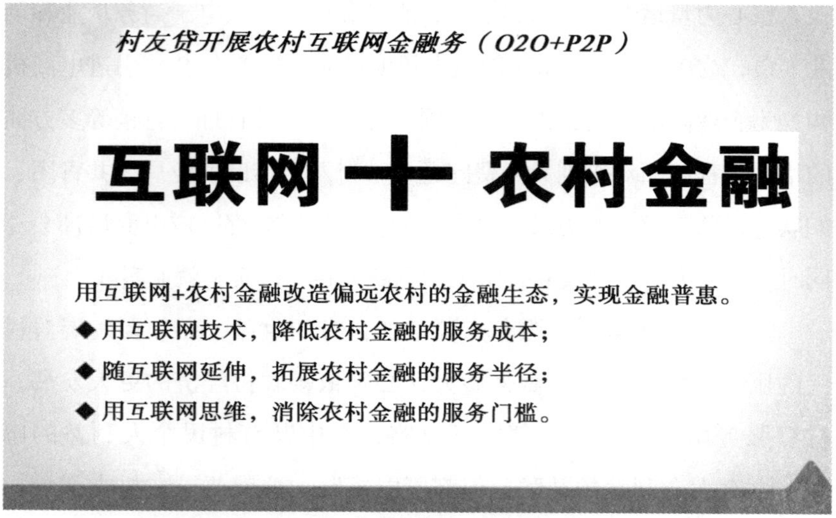

村友贷开展农村互联网金融务(O2O+P2P)

互联网 ✚ 农村金融

用互联网+农村金融改造偏远农村的金融生态,实现金融普惠。

◆ 用互联网技术,降低农村金融的服务成本;

◆ 随互联网延伸,拓展农村金融的服务半径;

◆ 用互联网思维,消除农村金融的服务门槛。

图24-8 "村友贷"基本模型

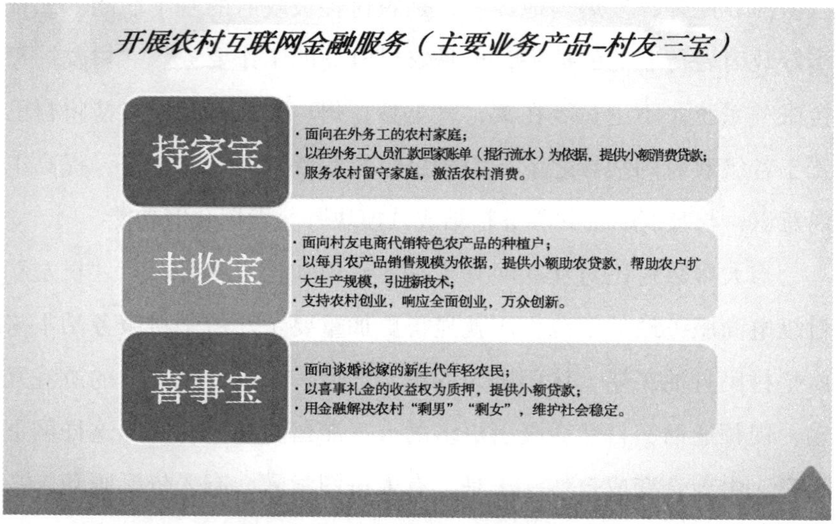

开展农村互联网金融服务(主要业务产品-村友三宝)

持家宝	·面向在外务工的农村家庭; ·以在外务工人员汇款回家账单(银行流水)为依据,提供小额消费贷款; ·服务农村留守家庭,激活农村消费。
丰收宝	·面向村友电商代销特色农产品的种植户; ·以每月农产品销售规模为依据,提供小额助农贷款,帮助农户扩大生产规模,引进新技术; ·支持农村创业,响应全面创业,万众创新。
喜事宝	·面向谈婚论嫁的新生代年轻农民; ·以喜事礼金的收益权为质押,提供小额贷款; ·用金融解决农村"剩男""剩女",维护社会稳定。

图24-9 "村友贷"业务模式

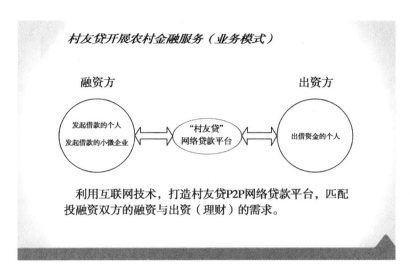

图24-10 "村友三宝"

点评

　　"村友"是在中国中西部贫瘠的武陵山区，湖北省恩施土家族苗族自治州，靠自身的毅力和苦力，顶出沉重的地壳而悄然出土的嫩芽。"村友"的发展有许多值得总结的地方，但是，我们将焦点对准了"村友"的地推——这个经常被忽视的电商力量。

　　为什么需要地推呢？原因很简单，农村电子商务市场不是一蹴而就的，需要通过地推耐心地培育方有可能成势；农民对电子商务服务的接受是不容易的，需要地推构建起真正的信任；农村消费文明的引领是渐进的过程，需要地推开展智慧传播和普及。

　　"村友"的地推方式形式多样，一是不畏艰苦，亲近山民。"村友"为了让电子商务进山区，让山区的百姓了解它、接受它。自带干粮、自背电脑进山，手把手，面对面地向农民传授，感动并教化村民。二是明晰的组织结构，分工协作、各司其职。"村友"除了线下的村电商服务站，乡镇服务中心，县运营服务中心的三级运营体系外，还专门在武汉市设置建设了"线上运营中心"。这是"村友"创新的一个跨行政区划，跨经济市场区域，跨时空界限的，实在操作的"虚拟市场中心"，实现了山区与大城市的对接。三是整合上下资源。下连村民，上连政府，中间连社会，整合各方资源，如末端的农村超市，中端的邮政快递、农业银行、1号店等，高端的政府资源集中到平台上，推进"村友"O2O项目。

"村友"的发展让我们认识到，电子商务不仅有惊人的"爆款"、夺魂的"秒杀"、激情的"客单量"等线上的光芒，更有脚踏实地、辛勤耕耘的线下推广。

25 优粮我卖网：
构建线上线下双平台运行体系

　　山东省日照市东港区供销社在农村电商实践中总结出了"四轮驱动"发展模式，即双平台运行、双引擎推进、双中心运作和双网络支撑。该模式紧紧抓住"网上营销、实体体验、电商进村、创业引领"四项主营业务，致力于实现"政府支持，百姓欢迎，自身发展"三赢的目标。

　　2015年3月，东港区供销社依托东港区政府在电子信息产业园内无偿提供的2万平方米的电商办公楼、培训中心、公寓和自建的占地50亩、建筑面积1万余平方米的集农产品加工、包装、仓储、分拣、物流等功能于一体的配送中心，与日照市供销社、日照日报社及青岛战略合作方以股份制形式成立了注册资本1000万元的日照优粮城电子商务有限公司，其中市区两级供销社控股51%。东港区供销社通过建设"优粮我卖网"自营平台，并与淘宝、京东等知名电商平台合作对接，按照线上线下相互带动、互为补充的发展模式，开始了农村综合电商平台构建的探索之路。

一、实行线上线下"双平台运行"

　　在线上，突出打造"优粮我卖网"综合电商平台（见图25-1）。该综合电商平台包括四部分，即惠农电子商务平台、公共信息服务平台、电子商务企业孵化基地和电子商务创业中心。目前，移动端的开发已经完成，PC端的开发正在加紧推进中。"优粮我卖网"综合电商平台还利用自有的第三方支付资质，加快推进农产品代卖、水电费缴纳、车船票订购等各项服务业务。同时，"优粮我卖网"综合电商平台积极与淘宝、京东的特色中国板块进行对接。2015年9月，以"阳光海岸生态日照"为特色的"淘宝网特色中国·日照馆"正式上线运营，是山东省第七个上线的地市级特色中国馆，共销售18类日照特色产品，包括最能体现日照特色的绿茶、煎饼等农产品，对虾、扇贝、虾皮等海产品，黑陶等工艺品。为提供数量充足、质量放心的货源，日照优粮城电子商务有限公司整合自己开发的产品和加盟方生产的产品，打造了较为完整的产业链，并做到了统一生产标准，统一产品包装和设计，统一使用"优粮城"品牌。

图25-1 "优粮我卖网"综合电商平台架构

在线下，把"淘宝网特色中国·日照馆"和日照旅游市场的土特产品需求相对接，突出打造"淘宝网特色中国·日照馆"体验平台，即名优特产品展示中心（见图25-2）。线下体验平台融产品展示、销售代理和精品体验功能于一体，以电商办公楼为主体，围绕游客服务和地方特色产品推介两大功能，建成2000平方米的农产品展示、销售和物流中心，并与线上板块一一对应，按照特色旅游、特色农产、特色海产和特色工艺四个精品区进行布局。

图25-2　名优特产品展示中心

二、推行公司+协会"双引擎推进"

推动"优粮城电子商务公司"市场主体和"东港区电子商务协会"合作主体双线并行、互为补充。具体来说，一是强化优粮城电子商务公司的市场主体地位。优粮城电子商务公司作为市场主体，负责市场经营，主要任务是：加强对全区农业的辐射带动作用，加快把东港区特色农业资源纳入公司电商体系；加快电子商务向农村的布局，提升完善供销社的物流配送体系，建成供销社农村电子商务的实体网络；延伸电商平台的服务功能，为农村群众提供融政务、商务和公共服务于一体的综合服务。

二是东港区电子商务协会作为电商业务的合作主体，主要任务是：整合全区电商资源，积极发展与企业网商、个体网商的合作；加强对社会人员的创业辅导，鼓励有志创业的大学生、个体商户等群体进入协会接受培训；完善对全区电商企业的服务职能，为电商企业发展提供载体平台、金融扶持和市场引导等服务，增强对全区电子商务行业的影响力。

三、实现营销与孵化"双中心运作"

按照东港区电商体系设计，在双引擎下分别设立产品开发营销中心和创业辅导孵化中心。首先，优粮城电子商务平台在做好产品展示、自营和代销的同时，通过下设的产品开发营销中心，加强对农民专业合作社、农民专业合作社联合社、农产品基地、家庭农场和种养殖大户的特色农产品的开发营销工作。在能够制定行业生产标准、建立可追溯制度的基础上，通过提供授权使用"优粮城"品牌的方式，提升本地农产品的商品化率和附加值。

其次，成立创业辅导孵化中心，对农村青年、留守妇女等开展网商创业辅导培训（见图25-3），为其开设网店提供技术和资金支持，并对他们的网店进入供销社电商平台提供便利。还要对进入"优粮我卖网"的电商企业进行孵化引导，组织开展各类专业培训、业务咨询、营销策划、商品展示、仓储管理、流通加工、配货封装、代发货和金融等服务，打造良好的电商发展生态圈。

图25-3　东港区电子商务协会承办的农村电商培训

四、强化基层网点和物流配送"双网络支撑"

要用好供销社系统的网点资源和网络优势，通过信息化改造，强化基层供销社电商网络体系和供销社龙头企业物流配送网络体系的双支撑。具体来说，一是培育基层供销社电商网络体系，分为三个层面：在乡镇层面，推动基层社依据每个乡镇的农特产品资源，组建股份制的农业专业合作社联合社。每个联合社要至少培育一个品牌产品上线。同时，积极给予电商政策和技术的扶持，把各个联合社都纳入"优粮我卖网"综合电商平台。在村级层面，首先打造日照市第一家线下实体电商体验店——日照街道时家官庄店，再以此作为样板，按照统一形象标识、统一服务内容和统一政策标准的原则，逐步在全区农村推广复制。电商体验店的主要作用是为村民从网上代买代卖产品，同时做好其他便民服务，比如订车票、缴纳水电费和快件收发等。在农民层面，要利用自有的第三方支付资质，加强与金融部门的合作，联合向农民发放"供销社惠农卡"，用于"优粮我卖网"的购物消费和农产品销售结算，还要针对持有"供销社惠农卡"的消费者，定期推出线上和线下的促销商品。

二是完善供销社自身的物流配送网络体系。利用东港区供销社下属各企业现有的物流体系，抓住电商进农村的机遇，改造现有流通网络，解决农村物流"最后一公里"的问题。物流配送网络体系的建设也是分为三个层面：在区级，把"淘宝网特色中国·日照馆"和中农物流园作为两个区级物流配送中心；在乡镇级，依托基层供销社，发挥供销社的合作属性，积极吸纳当地有意向的、实力较强的企业或商户参与进来，合作建设乡镇物流基础站点；在村级，以建设的各个村级电商体验店为网点，面向农民提供产品配送服务，解决电商进村入户的最后一个环节。

通过"四双"运行模式，利用"优粮我卖网"电商平台的辐射带动作用，在区级建立电商运营店，在乡镇建立二级配送店，在此基础上与供销社在农村的直营店和加盟店以及电商体验店对接，建设覆盖全区的农村电子商务服务体系。同时，积极与组织部门的电教体系、移动部门的支付体系以及金融等其他部门对接，充分整合各方资源，实现东港区电子商务和政务的一张网。

 点评

"优粮我卖网"给我们提出了一个新课题，即区域性电商平台的功能定位是什么？从"四双"运行模式的构架来看，我们可以有以下几个规划思路：

一、要不要建平台。客观地讲，县级地区建平台是一项具有挑战性的工作，有资金的问题、市场的问题、流量的问题、运营经验的问题等等，因此，在起步阶段，一般不宜自建平台。不过，东港区供销社在获得了政府大力支持的情况下，比如入住电子商务办公大楼、物流园和组建电子商务协会等支持，并且给予了权限很大的职能，如促进当地大众创业的牵头人、帮助农民增收的骨干力量和盘活区域电子商务的主体地位，决定了东港区供销社必须建平台。除此之外，东港区供销社的实力相对较强，有建平台的经济基础。但是，建平台一定会遇到各种困难，东港区供销社选择的是一条充满荆棘的道路。

二、建综合平台还是垂直平台。电子商务发展的实践证明，区域性电商平台定位为垂直型，走专业化道路是比较可行的。相信东港区供销社在发展之初，对这个问题考虑得还是比较清楚的，因此将平台定位为"优粮我卖网"，在渠道上定位成销售型平台，在业务上定位为农产品平台。围绕专业的定位布局平台，工作思路自然就清晰了，如充分利用供销社现有的基层经营服务网络，比如社区连锁超市、农资配送中心和为农服务中心，实现县、乡镇和村三级网络的全覆盖，从而大幅度减轻了物流体系的建设成本；再比如与农民专业合作社形成紧密的利益联结，提供品牌共享和培训服务等。

三、合作共建还是自建。应当说，电子商务平台之间的融合趋势越来越明显，一些大的电商企业或出于流量考虑、或要开展跨界业务、或要进行供应链整合，加大力度开展平台的合作与兼并。因此，县域电商平台采取联合建设、利益共享、合作共赢的方式，应当是明智的选择。东港区供销社在建设平台中，没有落入发展的陷阱，而是合作打造"优粮我卖网"，如与电商巨头阿里巴巴多次接洽，申请"淘宝网特色中国·日照馆"，从而以市场的力量整合了日照当地的特色农副产品，保证了供销社电商产业的领跑地位和电商公司的可持续发展；再比如坚持独立自主与合作共赢并举，联合各方注资成立电商公司，引入研发和营销团队，自主开发区域电商综合平台；此外区级供销社与市级供销社的联合，实现了供销社与社会资本、当地报社等部门的全方位合作，为供销社的改革发展注入了新的活力，这些经验都值得借鉴。

后　记

世界互联网刚刚度过"乌镇时间"不久，平安夜的钟声便在暖冬中敲响。辛苦了大半年的编写团队终于交付了定稿。听着来自乌镇慷慨激昂的"华山论剑"，我们便知道这其实并不是松口气的时候，反倒更多了一些忐忑。互联网和电子商务的发展实在太迅速，变化实在太炫目。半年前的这个创意，是否还能带给读者应有的启迪？我们期待读者的反馈，毕竟无障碍的互动交流是这个时代的显著特征。

创新是互联网的灵魂，创业是互联网的天性。无数创业者的创新实践，是新商业时代亮丽风景的七色光彩。我们忠实记录了他们的艰辛和探索，也素描了他们的苦恼和喜悦。在这些案例中，有的是已经在互联网海洋中摸爬滚打多年的老江湖，以自己丰富的经验在农村电商领域奋斗；有的则是80后的创业团队，出生在城市却一头扎进农村，手把手一对一教农民上网；还有更多的是耕耘农村多年的传统供销社，肩负着为农服务的使命，进行着线下线上融合发展的探索。尽管这些企业大多开展农村电商的时间不过一两年，但是他们的经验已经在引领农村电商的趋势，相信有心的读者都可以看得出来。他们模式虽然各有不同，业务内容也存在差别，但农村电商发展环境的体验是共同的，解决困难的方法也有很多相似之处。这些经验，基本揭示了农村电商发展的规律，对所有创业者都具有参考意义。

毋庸讳言，农村电商的发展仅仅依靠大众创业显然是不够的。对于中国农村商品流通领域来说，既要发挥各类市场主体的作用，又要有能够体现政府宏观调控意志、能反映农民意愿的经济组织作为市场的骨干力量。供销合作社就是这样一个不可忽视的合作经济组织。电子商务是技术，平台是手段，而要真正发挥技术和平台的作用，关键是资源整合。供销合作社系统全国电商平台的上线运营，标志着供销社电子商务的发展进入了资源整合的战略机遇期。在新商业时代下，以电商发展为契机，破解系统资源碎片化、层级化、行政化的难题，供销社要把握好四个必须：一是必须广泛吸纳农民和各类新型农业经营主体参与农村电子商务，不断强化基层网络与农民的经济联结。二是必须依据农民需求和供销合作社实际，逐步将基层社网点纳入供销合作社经营服务体系，提升服务能力；三是必须加快推进经营体系的连锁化、品牌化、信息化改造，实现线上线下融合发展；四是必须充分发挥供销合作社综合服务平台作用，实现跨地区、跨层级、跨系统的强大带动力，打造一二三产业融合的生态圈。

农村电商的发展，将会带来农村经济社会发展的深刻变革，极大地改变农业生产方式和农民的生活方式，重组农业产业链和流通价值链。供销合作社面临着机遇和挑战。我们相信，只要全系统上下共同努力，主动转换体制机制，按照国务院作出的综合改革部署，不断探索、不断总结，供销合作社完全有能力在这一波农村电子商务发展中勇立潮头、引领时代。

北京商业管理干部学院院长　教授　杨谦

2015年12月23日

责任编辑:刘　恋
封面设计:石笑梦
责任校对:吕　飞

图书在版编目(CIP)数据

中国农村电子商务案例精选/黄道新 主编. —北京:人民出版社,2016.1
　(2017.12 重印)
ISBN 978－7－01－015759－7

Ⅰ.①中…　Ⅱ.①黄…　Ⅲ.①农村-电子商务-研究-中国　Ⅳ.①F713.36

中国版本图书馆 CIP 数据核字(2015)第 321784 号

中国农村电子商务案例精选
ZHONGGUO NONGCUN DIANZI SHANGWU ANLI JINGXUAN

黄道新　主编

人民出版社 出版发行
(100706　北京市东城区隆福寺街 99 号)

北京汇林印务有限公司印刷　新华书店经销

2016 年 1 月第 1 版　2017 年 12 月北京第 7 次印刷
开本:710 毫米×1000 毫米 1/16　印张:17.25
字数:240 千字

ISBN 978－7－01－015759－7　定价:38.00 元

邮购地址 100706　北京市东城区隆福寺街 99 号
人民东方图书销售中心　电话 (010)65250042　65289539